Ein Rundgang durch Alt-Aachen
von Heinrich Gandelheid

Ansichtskarten-Album

Ein Rundgang durch Alt-Aachen
von Heinrich Gandelheid

Meinen Enkelkindern
Gabi und Joachim gewidmet

ISBN 3-921691-11-7
1. Auflage, 1.-7. Tausend, Oktober 1985

Gedruckt bei M. Brimberg, Aachen

Grußwort

Der Sammeltrieb des Menschen ist ungebrochen. Die „Akribie des Anhäufens und Sichtens, des Tauschens und ständigen Entdeckens“ erstreckt sich von der Briefmarke bis zu seltenen Schmetterlingen, von antiken Möbeln bis hin zu Orden und Ehrenzeichen. Oft spricht man im Volksmund etwas salopp von Ticks. Aber dahinter steckt mehr. Jeder Mensch braucht in der Freizeit Laune und Leidenschaft für ausgefallene Nebeninteressen. Der Beruf ist nicht alles.

Heinrich Gandelheid sammelt Ansichtskarten von Aachen. Sie spiegeln ein Stück „Oecher Vergangenheit“ wider. Bilder einer historisch gewachsenen Stadt. Erinnerungen an „Anno dazumal“. Gebäude und Plätze, Sehenswürdigkeiten und längst Vergessenes. Diesem Buch, liebevoll geschrieben und gestaltet, wünsche ich eine große Resonanz in der Aachener Bevölkerung. Es wird sicherlich nicht nur die ältere Generation begeistern, sondern auch unseren jüngeren Mitbürgern „einen Blick in die Aachener Seele“ vermitteln.

(Kurt Malangré)

Oberbürgermeister
Mitglied des Europäischen Parlaments

Verehrte Leserin, verehrter Leser!

Immer mehr Menschen möchten die Erinnerung an vergangene Zeiten bewahren oder wissen, wie es früher in ihrer engeren Heimat ausgesehen hat. Nicht zuletzt deswegen werden heute alte Ansichtskarten gesammelt, ausgestellt und in Büchern veröffentlicht. Das Detail ist es, was diese frühen Bildwerke so interessant und einmalig macht.

Ich weiß, daß dies auch für Aachen gilt. Ausstellungen, in denen alte Aachener Ansichtskarten gezeigt werden, sind gut besucht. Die Älteren, die die Stadt aus der Zeit mit den ersten Automobilen, mit der Kleinbahn, den Kutschen und Fuhrwerken noch kennen, schwelgen in Erinnerungen und freuen sich, Bekanntes wiederzusehen. Die Jungen und die Neubürger betrachten interessiert die alten Ansichten und erkennen, wie das Heute aus dem Gestern gewachsen ist, sehen, wie man damals lebte und wie reizvoll früher manche Straße war.

Damit viele Aachener einen Blick in die Zeit um die Jahrhundertwende bis in die ersten Jahrzehnte des 20. Jahrhunderts hinein tun können, habe ich mich entschlossen, alte Aachener Ansichtskarten aus meiner umfangreichen Sammlung in diesem Buch vorzustellen. Ich werde mit Ihnen einen Rundgang durch Alt-Aachen machen und Ihnen zeigen, wie es damals aussah.

Natürlich kann ich Ihnen nicht jede Straße, jeden Platz und jeden Winkel zeigen, denn nicht alles ist damals auf Ansichtskarten festgehalten worden. Immer ist es auch nur ein bestimmter Ausschnitt, der abgebildet ist, aber alles in allem ist es ein Spaziergang, der die alte Stadt wieder vor Ihnen erstehen läßt. Da, wo es notwendig war, bin ich vom Hauptweg abgewichen, aber anhand meines Textes werden Sie mühelos wieder zum Rundgang zurückfinden. Der alte Stadtplan am Ende des Buches wird Ihnen bei der Orientierung behilflich sein.

Ganz kurz möchte ich Ihnen auch noch die Zeit vor Augen führen, in der die Ansichtskarten entstanden sind. Die ersten Aufnahmen wurden in der sogenannten „guten alten Zeit“ gemacht, in der Kaiser Wilhelm II. regierte. Damals sangen die Aachener Mädchen bei der Arbeit in den Fabriken noch fromme Lieder. Auf den Straßen trafen die Bürger überall den Polizisten mit der Pickelhaube, als sichtbaren Vertreter der Obrigkeit.

Der I. Weltkrieg brachte den Aachenern – wie allen Menschen, die vom Krieg betroffen waren – Leid und Sorgen. Nach der letzten verlorenen Schlacht dankte der Kaiser ab; er zog sich nach Holland zurück.

Dann kam die belgische Besatzungsmacht nach Aachen, und es gab – wie in allen anderen Teilen Deutschlands – Inflation und Arbeitslosigkeit. In der Stadt verbesserten viele Menschen ihre schlechte Lage durch den Schmuggel. Die Separatisten versuchten sich breitzumachen. Doch sie verschwanden, ungeliebt, so schnell wie sie aufgetaucht waren. Schließlich brachte die Rentenmark geordnete Verhältnisse auf dem Geldmarkt, und endlich zogen 1929 auch die Belgier aus Aachen ab. Was blieb, war die Armut.

Die Zeit von 1895 bis 1933 war aber auch vom industriellen Fortschritt geprägt. Bahnhöfe und Krankenhäuser wurden gebaut. Neue Straßenzüge wie das Rehm- und das Frankenberger Viertel entstanden. Mitten im I. Weltkrieg errichtete man das „Neue Kurhaus“ und den „Quellenhof“. In der Weimarer Zeit ließen die Vertreter der Stadt viele neue Häuser bauen, u. a. an der Vaalser Straße und in der Nähe des Blücherplatzes. Auch das „Hochhaus“ am Hauptbahnhof stammt aus jenen Tagen.

Ich hoffe, daß Ihnen mein Buch Freude bereitet und die Erinnerung an Alt-Aachen wachhält.

Heinrich Gandelheid

1914 war man sehr genau: Die Ansichtskarte zeigt nicht nur die wichtigsten Gebäude, sie beschreibt auch ausführlich, was es in Aachen an Sehenswertem gab.

Den Aachenern ist wichtig, daß Karl der Große hier gelebt hat. Alle Jahre wird seines Todestages gedacht. An die 1100jährige Gedächtnisfeier 1914 erinnern drei Ansichtskarten, von denen hier eine abgebildet ist.

Auch das Rathaus erinnert an den großen Karl. Seine Kaiserpfalz stand an dieser Stelle. Durch Brände, Zerstörungen und neue Moden wurde das Rathaus immer wieder verändert. 1883 vernichtete ein Großbrand die barocken Turmhauben . . .

. . . zwanzig Jahre später präsentierte man gotisierende Turmhauben, der 2. Weltkrieg zerstörte sie, und heute sieht das Gebäude wieder anders aus – aber es ist immer das Aachener Rathaus geblieben.

Das war der Marktplatz um die Jahrhundertwende. Im zweiten Haus von rechts befand sich damals der Ratskeller, in dem die Gäste mit Musik und Varieté unterhalten wurden. Später mußte dieses Gebäude dem Kaufhaus Tietz weichen.

Rathskeller.

Am Markt. Sehenswürdigkeit. Am Markt.

Angenehmer Aufenthalt. Großartige Ventilation.

Heute Mittwoch den 22. Juli und folgende Tage:

Das neue schöne Programm.

Außerdem:

Nur kurzes Gastspiel

des weltberühmten Jongleurs

Karini

vom Cirque d'hiver Paris. 30245

Bekannte Preise. P. Godefroid.

Aachener Marktfrau in ihrer traditionellen Tracht.

Die Gaststätte „Zur Goldenen Kette“, in der Nähe des Marktplatzes, hat eine alte Tradition. Sie erfreute sich immer eines regen Besuchs der Aachener Bürger, und auch Reisende kehrten dort gerne ein. Leider ist das Haus nicht wieder im alten Stil aufgebaut worden.

Im 14. Jahrhundert wird erstmals ein Hospiz am Markt in einem Beherbergungsverzeichnis erwähnt. In den nächsten 100 Jahren dehnten sich die Häuser zur Bewirtung und Übernachtung vor dem Rathaus immer mehr aus. Der „Goldene Schwan“ ist eines dieser alten Gasthäuser. Er war über die kaiserstädtischen Grenzen hinaus bekannt und beliebt und ist auch jetzt noch geöffnet.

Leonhard Tietz
Aktien-Gesellschaft

Donnerstag, Freitag, Samstag. Sonntag:

Lebensmittel-Angebot

Gemüse-Konserven

Schnitt- und Brechbohnen . 2 Pfd.-Dose 28 ₰
Perl- u. Wachsbohnen 2 Pfd.-Dose 42 36 ₰
Dicke Bohnen . . . . 2 Pfd.-Dose 70 55 ₰
Haricots verts . 2 Pfd.-Dose 1.25, 90 62 ₰
Junge Erbsen 2 Pfd.-D. 1.16, 90, 78, 55 44 ₰
Sttangenspargel 2 Pfd.-Dose 2.00, 1.80, 1.65, 1.40, 1.25, 1.10
Schnittspargel . 2 Pfd.-D. 1.35, 1.28, 1.18, 88 ₰
Erbsen und Carotten . 2 Pfd.-Dose 90 63 ₰
Gemischtes Gemüse 2 Pfd.-D. 1.25, 90 64 ₰
Spinat, fertig zum Gebrauch 2 Pfd.-Dose 54 ₰
Sellerie in Scheiben . . . 2 Pfd.-Dose 58 ₰
Teltower Rübchen . . . . 2 Pfd.-Dose 78 ₰
Steinpilze . . . . 2 Pfd.-Dose 1.20
Champignons . . 2 Pfd.-Dose 1.85, 1.65, 1.28
Champignons . . 1 Pfd.-Dose 98, 88, 69 ₰
Tomatenpuré . 2 Pfd.-D. 68 ₰, 1 Pfd.-D. 40 ₰
Tomatenmark . . . . Dose 25 ₰

Früchte-Konserven

Mirabellen . . . . 2 Pfd.-Dose 68 ₰
Reineclauden . . . . . . 2 Pfd.-Dose 88 ₰
Kirschen rot . . . . 2 Pfd.-Dose 95 78 ₰
Birnen, weiss . . . 2 Pfd.-Dose 90 60 ₰
Pflaumen, blau . . . . . 2 Pfd.-Dose 45 ₰
Pflaumen, süss-sauer 2 Pfd.-Dose 68 50 ₰
Pflaumen, halbe Frucht 2 Pfd.-Dose 72 60 ₰
Gemischte Früchte 2 Pfd.-Dose 1.10 95 ₰
Aprikosen, halbe Frucht . 2 Pfd.-Dose 1.35
Pfirsiche, h. Frucht, geschält 2 Pfd.-Dose 1.45
Erdbeeren . . . . . 2 Pfd.-Dose 1.35 1.00
Preisselbeeren 2 Pfd.-Dose 68 ₰, 1 Pfd.-Dose 40 ₰
Preisselbeeren 5 Pfd.-Eimer 1.85, 10 Pfd.-Eimer 3.35
Apfelkraut . . . . 10 Pfd.-Eimer 3.25
Aprikosen-Marmelade . . 1 Pfd.-Glas 72 ₰
Aprikosen-Marmelade 5 Pfd.-Eimer 3.10, 10 Pfd.-Eimer 5.95
Stachelbeermarmelade . . 1 Pfd.-Glas 62 ₰

Fisch-Konserven

Bismarckheringe 4 Ltr.-Dose 1.90, 1 Ltr.-Dose 68 ₰, 1/2 Ltr.-Dose 48 ₰
Bratheringe . . . . 1/2 Dose 45 ₰
Hering in Gelee 1 Ltr.-D. 65 ₰, 1/2 Ltr.-D. 36 ₰
Russ. Sardinen und Anchovis . . Glas 30 ₰
Senfheringe . . . . 1 Ltr.-Dose 72 ₰
Forellenheringe in Rein-Sauce . . Dose 78 ₰
Delikatessheringe in versch. Saucen Dose 98 und 58 ₰
Aal in Gelee . . . . . . Dose 98 und 72 ₰
Lachs in Gelee . . . . Dose 1.05
Aal in Remoul.-Sauce . . . . . Dose 1.10
Kronen-Hummer . . . . . . Dose 2.35, 1.30
Langousten . . . . Dose 1.60
Oelsardinen Chevé . . . . Dose 34 ₰
" Gerard . . . . Dose 45 ₰
" Martell . . Dose 1.20 und 48 ₰
" Tietz . . Dose 1.45, 88 und 60 ₰
" Beziers . . . Dose 95 und 90 ₰

Fleischwaren und Käse

Schinken, gekocht . . . . . . 1/4 Pfd. 50 ₰
Nussschinken . . . . Pfd. 1.40
Fett Speck . . . . Pfd. 75 ₰
Mager Speck . . . . Pfd 85 ₰
Braunschw. Mettwurst . . . . . Pfd. 1.25
Frankf. Würste . . . . Paar 22 ₰
Halberstädter Würste . . . . . Paar 10 ₰
Zwiebelleberwurst . . . . Pfd. 85 ₰
Fleischrotwurst . . . . Pfd. 95 ₰
Leberwurst, frische . . . . . . Pfd. 95 ₰
Gänsebrust im Ganzen Pfd. 1.80 Pfd. 2.20
Cervelatwurst und Salami . . . . Pfd. 1.65

Schweizerkäse . . . . Pfd. 1.05
Holländerkäse . . . . Pfd. 70 ₰
Echter Gouda . . . . Pfd. 90 ₰
Tilsiter Käse . . . . Pfd. 80 ₰
Limburger Käse ca. 1 1/2 Pfd. . . . Stück 70 ₰

Essig-Gemüse

Cherkins . . . .
Onions . . . . 1/1 Glas . . 75 ₰
Piccalilly . . . . 1/2 Glas . . 45 ₰
Mixed Pickles . . . . . .
Senfgurken . . . . . 1/1 Glas 95 ₰, 1/2 Glas 60 ₰
Salzgurken . . 8 Ltr.-Dose 2.25, 4 Ltr.-Dose 1.20
Essiggurken . . . 4 Ltr.-Dose ca. 200 Stück 2.60

Apfelsinen . . . . 10 Stück 65, 45, 32, **24 ₰**
Zitronen . . . . 10 Stück **45 ₰**
Frische Ananas . . . . . . Pfund **90 ₰**

Scheiben-Honig . . . . Pfd. 1.00
Reiner Bienen-Schleuder-Honig . . . . Pfd. 98 ₰
Pflanzenfett . . . . Pfd. 60 ₰
Pflanzen-Margarine . . . . Pfd. 68 ₰
Kaisermehl . . . . 5 Pfd.-Beutel 95 ₰
Exquisit-Mehl . . . . 5 Pfd.-Beutel 1.00
Gervais, franz. . . . . Stück 29 ₰

Lebensmittel im Angebot: Das Kaufhaus Leonhard Tietz annoncierte am 2. Februar 1911 preiswerte Konserven, Fleischwaren und Käse, Essig-Gemüse, Obst und andere Lebensmittel in der „Aachener Post“.

Die Bauern kamen früher mit Pferd und Wagen zum Großmarkt. Statt Autolärm erfüllten damals Gewieher und Räderquietschen die Luft. Unsere Karte zeigt den Marktplatz in Richtung Jakobstraße.

Leonhard Tietz hatte ein Gespür dafür, was den Aachenern gefiel. Sein Kaufhaus – später der Kaufhof – (im historistischen Stile gebaut) wollte dem Rathaus um nichts nachstehen. 1965 wurde es abgerissen. Das Kaiser-Karl-Denkmal steht seit 1620 an gleicher Stelle. Heute, wie ursprünglich, blickt der Kaiser in die Pontstraße.

Es gab auch Tage, an denen es auf dem Marktplatz ruhig zuging. Die Szene stammt aus frühen Tagen der Ansichtskarte: Poststempel Aachen, 2. August 1904.

Der Postwagen

Das Haus der guten Biere seit 1657

Allen Umbauten und Bränden zum Trotz hat der Postwagen seinen Platz am Rathaus behalten. Die Fußgänger auf unserer Karte sind im „new look" der zwanziger Jahre gekleidet.

Die Jungvermählten tragen sich oft ins Gästebuch des Postwagens ein. Früher betrachteten die Studenten die Wirtschaft am alten Granusturm als ihre Kneipe. Das Stein- und das Holzhaus haben ihren Ursprung im 17. Jahrhundert. Zur Zeit Napoleons verkaufte hier ein Buchhändler seine Bücher nach Gewicht. Daher hieß die Gaststätte früher wohl auch „Zum Eulenspiegel“.

Diese Karte wurde am 10. Juli 1911 abgeschickt.

W

FESTMAHL

zur Feier des 52. Geburtstages

Sr. Majestät

des Kaisers und Königs

WILHELM II.

Freitag, den 27. Januar 1911, im Kaisersaale
des Rathauses zu Aachen.

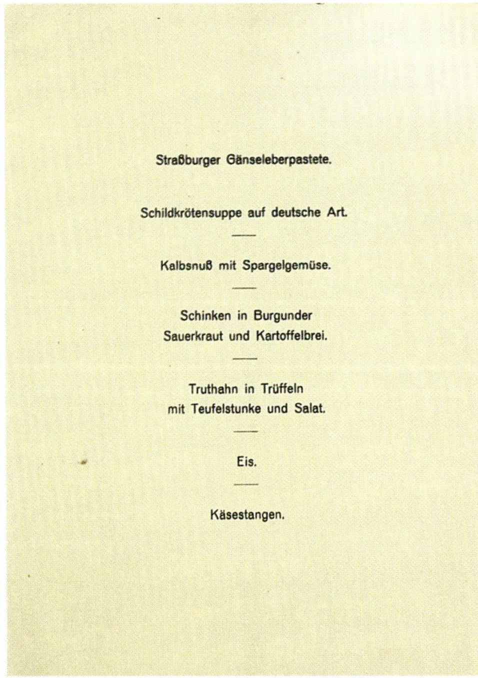
Straßburger Gänseleberpastete.

Schildkrötensuppe auf deutsche Art.

Kalbsnuß mit Spargelgemüse.

Schinken in Burgunder
Sauerkraut und Kartoffelbrei.

Truthahn in Trüffeln
mit Teufelstunke und Salat.

Eis.

Käsestangen.

Auch im Rathaus wurde gegessen: Als Wilhelm II. seinen 52. Geburtstag feierte, gab es im Kaisersaal ein Festmahl.

Als Seine Majestät dann am 18. Oktober 1911 persönlich in Aachen weilte, sprach sie den Aachener Printen zu, und der Printenbäcker wurde prompt Hoflieferant.

Ein Blick über den menschenleeren Katschhof auf die im strahlenden Sonnenschein liegende Rückfront des Rathauses, das in der ersten Hälfte des 14. Jahrhunderts erbaut wurde.

Regentage waren auch um die Jahrhundertwende nicht ungewöhnlich in Aachen. Bei dieser Aufnahme der Nordseite des Domes hat der Photograph kräftig nachgeholfen und dicke Regenspritzer ins Bild hineinretuschiert.

Nicht nur Wirtshäuser klammerten sich an das Rathaus – auch die Verwaltung wollte dabeisein. Damals sah ihr Haus (im Hintergrund) noch recht gotisch aus, heute stehen dort moderne Gebäude.

Ganz in der Nähe von Rat und Verwaltung ging es nicht immer mit rechten Dingen zu: Dem „Hühnerdieb" setzten die Aachener ein originelles Denkmal auf dem Hühnermarkt. Gleich dahinter das Patrizierhaus, das Jacob Couven im Rokokostil baute (heutiges Couven-Museum).

Nach den Hühnern fand auch der Käse seinen eigenen Marktplatz: Wo das Quirinusbad steht, ist der „Hof", auf dem in früheren Jahrhunderten der „Keesemart" abgehalten wurde.

Schon die Römer badeten in diesem Bezirk. Die Badegewohnheiten wechselten jedoch im Laufe der Zeit. Seine heutige Gestalt erhielt das Quirinusbad zu Anfang des 19. Jahrhunderts.

Noch ein schneller Rückblick auf das Rathaus durch die kleine Romaneygasse oder Rommelsgasse, wie sie jetzt heißt. Man sieht den Granusturm aus karolingischer Zeit.

Um den Käse zu transportieren, waren Körbe notwendig. Die Körber bauten ein Gäßchen mit ihren Geschäften aus: Die Körbergasse. Sie ist über Aachens Grenzen hinaus bekannt.

Neben dem Quirinusbad hatte das Kaiserbad am Büchel seinen Anteil an den warmen Quellen. Im prächtigen Neubau von 1865 konnte man eines der 64 Einzelzimmer schon für vier Mark haben.

Das Kaiserbad hatte seine Konkurrenz: Das Hotel Großer Monarch (Büchel Nr. 51). Hier stieg 1894 sogar der Vizekönig von Indien ab und 1905 die Königin-Witwe Margaritha von Italien.

Vor 1904 gab es auf dem Büchel noch kein Denkmal – das Bahkauv spukte nur in den Köpfen angetrunkener Spätheimkehrer herum. Links die Einmündung der Nikolausstraße.

Dann gewann das Bahkauv künstlerische Gestalt: Sein Brunnen überragte die Kutschen, die Gäste in die umliegenden Badehäuser fuhren.

Durch die Ursulinerstraße gelangen Sie zum Münsterplatz. Dort empfängt Sie der Marienbrunnen. Dahinter reckt sich St. Foillan in den Himmel.

Jetzt stehen Sie vor dem Dom. Sie sehen den Glockenturm, das alte Oktogon, den gotischen Chor, die Kapellen – und darüber den Zeppelin, der es um diese Zeit ermöglichte, den Dom einmal von oben anzusehen.

Der Eingang zu St. Foillan. Die Kirche wurde um 1180 erbaut, mehrmals umgebaut und restauriert, zuletzt nach der schweren Beschädigung im 2. Weltkrieg.

Den Münsterplatz nannte man in früheren Jahren auch Radermarkt und Kirchhof. Im Volksmund heißt er mitunter auch Blumenmarkt, denn Blumen wurden dort schon 1909 verkauft (Poststempel der Ansichtskarte).

Vom Münsterplatz gehen Sie durch die Kleinmarschierstraße zur Jesuitenstraße. Dort steht die alte Pfarrkirche St. Michael, die 1628 geweihte ehemalige Klosterkirche der Jesuiten.

Vom Domhof aus blickt man auf den Glockenturm. Für Besucher ist die Wolfstüre besonders interessant. Hier soll der Teufel seinen Daumen eingebüßt haben. Der untere Teil des Turmes zeigt, daß der Kern des Domes aus karolingischer Zeit stammt.

Eine sehr seltene Ansichtskarte der Annastraße. Die Straßenszene wurde vor den alten Giebelhäusern Nr. 48–56 aufgenommen, dort, wo heute das Parkhaus steht.

Der Fischmarkt: Schon im 14. Jahrhundert wurde hier Fisch verkauft. Links vom Spitzgäßchen die barocke Taufkapelle und rechts das Gras- oder Bürgerhaus, das aus dem 13. Jahrhundert stammt.

Der Fischmarkt erhielt 1911 das Fischpüddelchen zum Schmuck. Vielleicht war damals die Zeit für kleine nackte Jungen noch nicht reif, denn zwei Polizisten bewachen das Denkmal.

Wem das Ganze nicht gefiel, der konnte es auch von hinten anschauen. Das Denkmal wurde von Prof. Lederer geschaffen und nach dem 2. Weltkrieg von dem Aachener Bildhauer H. C. Dick erneuert.

So genau scheinen es die Aachener mit der Einteilung der Märkte nicht genommen zu haben, wenn hier auf dem Fischmarkt auch Pflaumen angeboten werden. „Prumme wie de Dumme ne Grosche et Ponk“ notierte die Schreiberin der Karte auf dem Bild.

Wer vor dem Geruch am Fischmarkt flüchtete, der konnte ein paar Häuser weiter in Richtung Klosterplatz Zigarren erstehen. Das Geschäft lag genau zwischen Taufkapelle und altem Verwaltungsgebäude.

Aachen – Stadt der Kaiser, Brunnen und Heiligtumsfahrten: Von der überdachten Galerie am Glockenturm wurden bis 1965 alle sieben Jahre die Heiligtümer gezeigt. Karl der Große hat sie nach Aachen gebracht. Die erste feierliche Ausstellung der Heiligtümer fand 809 statt.

Das alte Verwaltungsgebäude vom Klosterplatz aus. Verwaltungsgebäude waren immer schon etwas teurer, und es dauerte auch seine Zeit, sie zu errichten. Dieses Gebäude wurde 1900 bis 1903 gebaut und kostete 857 000 Mark.

Die Gegend um Dom und Rathaus war für die Aachener ein heiliger Bezirk. Wer da eindringen wollte, mußte mit Prügeln rechnen. So ging es dem Graf Wilhelm IV. von Jülich, den der wehrhafte Schmied in der Gertrudisnacht 1278 vom Pferd schlug. Zum Dank setzte man dem Schmied 1909 Jakobstraße/Ecke Klappergasse ein Denkmal.

Hinter dem Schmied erhebt sich das Kloster vom armen Kinde Jesu. Es wurde im Zweiten Weltkrieg stark beschädigt und danach wieder aufgebaut.

Das Mutterhaus der Armen Schwestern vom hl. Franziskus steht am Lindenplatz. Die Aachenerin Franziska Schervier gründete diesen Orden in der ersten Hälfte des vorigen Jahrhunderts.

In der Vinzenzstraße (heute Kármánstraße) war die Städtische Ober-Realschule. Daraus wurde später die Hindenburg-Schule und, als Hindenburg nicht mehr so beliebt war, das Couven-Gymnasium. Seit 1965 nutzt die Philosophische Fakultät der TH das Gebäude.

Früher brachte auch die Feuerwehr Leben in die Vinzenzstraße. Bei Alarm rückte sie mit Pferd und Wagen aus – jedesmal ein Ereignis für jung und alt. Den Platz der Feuerwache nimmt heute das Kármán-Auditorium ein.

Das Kaiser-Karls-Gymnasium steht am Augustinerbach. Die Tradition der Schule reicht um mehr als drei Jahrhunderte zurück. Das Verzeichnis der Abiturienten beginnt jedoch erst 1825. Die Karte zeigt die Fassade aus dem Jahr 1906.

Aachen sicherte sich durch Mauern und Gräben ab. Später wurden die Gräben zu Straßen. Der Seilgraben wurde nach den Seilern benannt, die dort ihr Handwerk ausübten. Später gab es dort aber auch „gutbürgerliche" Restaurants wie das von Franz Fell.

Die Patrizier bauten ihre Häuser auch am Seilgraben. Als sie auszogen, bot sich ein idealer Platz für ein Museum. So wurde im Haus Fey, Seilgraben 34, die Wohnkultur im Aachen des 18. Jahrhunderts gezeigt – das frühere Couven-Museum.

Die Zeiten ändern sich: 1887 wurde an der Großkölnstraße die Städtische Lehrerinnen-Bildungsanstalt errichtet, später befand sich in diesem Gebäude die Städtische kaufmännische Schule – heute ist dort ein Parkhaus.

In der alten Volksschule St. Nikolaus (Sandkaulbach) haben viele tausend Kinder die Schulbank gedrückt. Heute gehört das Gebäude zur Gewerblichen Schule I an der Martinstraße.

Die Schule hatte ihren Namen von der 1327 eingesegneten Kirche St. Nikolaus. Schon vorher stand dort eine Kapelle zu Ehren des heiligen Nikolaus, die kurz nach dem Jahre 1000 errichtet worden war. Die Karte zeigt einen Blick von der Minoritenstraße auf die Rückseite der Kirche.

An der Ecke Minoritenstraße und an der Einmündung Kleinkölnstraße gab es 1903 (Datum des Poststempels) bereits ein Geschäft neben dem anderen. Auch das Kinematoscop hatte in der Nähe Plätze anzubieten.

Großkölnstraße Richtung Markt: Links ist die Einmündung der Mefferdatisstraße zu erkennen. Damals hatte man auch ohne Fußgängerzone eine autofreie Innenstadt.

Zu Fuß oder per Kleinbahn kam man an der Hotmannspief vorbei, wenn man von St. Nikolaus auf den Stadtrand zuging. Die goldenen Jungfrauen schöpfen seit 1830 am Brunnen Wasser.

An dieser Stelle beginnt auch die Alexanderstraße – benannt nach dem russischen Zaren Alexander I., der 1818 während des Aachener Kongresses in dieser Straße wohnte.

Die Pfarrkirche St. Peter steht zwischen Alexanderstraße und Peterstraße. Der Turm war ursprünglich ein Wachtturm, dann wurde zur Zeit Friedrich Barbarossas eine Kapelle angebaut. Laurenz Mefferdatis machte daraus schließlich Anfang des 18. Jahrhunderts eine Kirche.

1782 bis 1786 bauten sich die Aachener ihr eigenes Kurhaus. Das Alte Kurhaus an der Komphausbadstraße wurde von Jacob Couven errichtet und zuerst „Neue Redoute“ genannt. Sein Konzertsaal hatte eine vielgerühmte Akustik. Der Zweite Weltkrieg hat es stark beschädigt. Ein großer Teil des Gebäudes wurde durch Neubauten ersetzt.

Die Komphausbadstraße vor 1900. Erst nach der Jahrhundertwende erhielt das Alte Kurhaus (hinten links) seine auf dem gegenüberstehenden Bild gezeigte Gestalt. Vorne im Bild das erste Suermondt-Museum. Die Karte wurde am 3. September 1897 zur Post gegeben.

Nicht nur für Gäste aus der Fremde, auch für die Aachener selber war das Alte Kurhaus anziehend: Inmitten der Stadt lag ein romantischer Garten, Konzerte erklangen und „Echte Biere“ wurden gezapft.

Das Kurhaus in der Komphausbadstraße: Heute steht auf der rechten Seite das Kaufhaus Horten gegenüber. Die Straße ist jetzt viel breiter als 1908 (Poststempel).

Hier ist ein Garten inmitten der Stadt: Der Kurhausgarten hinter dem Alten Kurhaus. Heute bringt an dieser Stelle die Straßenunterführung Fußgänger zum Bushof Peterstraße.

Damals stand „Henrion's Grand Hotel" (Corneliusbad) dem Kurhaus gegenüber. Seine klassizistisch gegliederte Fassade erscheint uns heute überschaubar und angenehm, wenn wir an 40stöckige Hotel-Giganten denken.

Aachen hatte auch sein maurisches Bauwerk. Unweit des Alten Kurhauses befand sich seit 1862 die von dem Aachener Wickop erbaute Synagoge auf dem Promenadenplatz (heute Synagogenplatz). Sie fiel 1938 in der „Kristallnacht" den nationalsozialistischen Brandstiftern zum Opfer.

Der Rundgang führt von der Promenadenstraße über die Blondelstraße zur Adalbertstraße. Dort, gegenüber dem jetzigen Kugelbrunnen, befand sich das Restaurant „Rolandseck". Links daneben ist auf dieser Karte aus den dreißiger Jahren das Gebäude der damaligen Aachener Tageszeitung „Der Volksfreund" und der Druck- und Verlagsgesellschaft Brimberg zu sehen.

Der Volksfreund

Aachener General-Anzeiger

Geschäftsstelle:
Aachen, Adalbertstraße 55
Fernsprech-Sammelnummer 30741.

Größte und weitestverbreitete Tageszeitung des Reg.-Bez. Aachen

Hauptanzeigenblatt
und das Blatt der „Kleinen Anzeigen"

Um die Jahrhundertwende suchte man noch ohne Hast und Hetze einzukaufen. Das Kaufhaus links im Bild hieß „Hammonia". Diese Karte von der oberen Adalbertstraße stammt aus der Zeit vor 1905.

GeKa, das Kaufhaus für Mode und Heim, stand am Platz des heutigen Kaufhofs. Die Bögen im Erdgeschoß erinnern an italienische Architektur – so ist auch das ganze Gebäude eine Anspielung auf die italienische Renaissance.

Diese alte Ansichtskarte zeigt die Adalbertstraße und den Friedrich-Wilhelm-Platz. Vorn links geht es zum Holzgraben, und hinter dem viergeschossigen Haus beginnt die Peterstraße. Rechts neben der Carolus-Magnus-Drogerie die Tonhalle. Hier wurden schon 1910 kinematographische Vorführungen angeboten.

Am Holzgraben war das Café Monopol-Palast – später Café Vaterland – ein besonderer Anziehungspunkt für die Aachener. Im Ersten Weltkrieg (1914) wurde diese Karte als „Feldpost“ aufgegeben.

Die „Bunte Bühne“ hat die Bombennächte des Zweiten Weltkriegs nicht überstanden. In den fünfziger Jahren entstand an ihrem Platz am Holzgraben das Bavaria-Filmtheater.

Vom Friedrich-Wilhelm-Platz blickt man in den Holzgraben hinein und in die früher sehr enge Peterstraße. Um Viertel vor Zehn ging es noch beschaulich zu, wo heute der Berufsverkehr tobt.

Lebhaftes Treiben am Volksbrunnen, einem kleinen Vorbrunnen des Elisenbrunnens. Schon damals stand neben dem devisenbringenden Elisenbrunnen eine Bank.

Ein bekannter Treffpunkt mitten in der Stadt war das Wiener Café, hier eine Ansicht des Gebäudes am Friedrich-Wilhelm-Platz von 1905.

Die Werbung hob besonders hervor, daß hier das „Rendez-vous aller Fremden“ stattfand, natürlich versorgt mit deutschen und ausländischen Zeitungen.

Die Aachener hatten immer etwas für Könige und Kaiser übrig. Wenn einer in Aachen weilte, wurden Straßen oder Plätze nach ihm benannt. – Als Friedrich Wilhelm III. 1818 am Aachener Kongreß teilnahm, widmete man ihm den Friedrich-Wilhelm-Platz.

Zwei Aachener Originale, der Spienejupp und der Latz, die sich gern am Friedrich-Wilhelm-Platz aufhielten.

Gegenüber dem Elisenbrunnen lag „Nuellens Hotel“. Hier gab es schon Zimmer für drei Mark.

An schönen Sommertagen war der Elisenbrunnen sehr einladend – im Straßencafé konnte man sein Bier trinken.

Der Brunnen war eine Oase der Ruhe, weder Autolärm noch Abgase störten die Aachener und ihre Kurgäste.

Weil der Elisenbrunnen so breit ist, geht er hier nur auf eine Doppel-Ansichtskarte. Rundtempel und Säulengang nach klassischem Geschmack schließen in breiter Front das nähere Umfeld des Domes ab. Der Elisenbrunnen wurde 1822 bis 1828 nach Plänen von Schinkel gebaut und nach der Preußenkönigin Elisabeth, der Gemahlin Friedrich Wilhelms IV., benannt. Das Brunnenwasser sprudelte früher eine Etage tiefer hervor – damals wie heute aber kostenlos. Geschrieben wurde diese Ansichtskarte im August 1903.

Hinter dem Elisenbrunnen lud schon vor dem Ersten Weltkrieg der Elisengarten zu Erholung und Entspannung ein.

Am Abend konnte man um den Brunnen im Park bei elektrischer Beleuchtung sitzen und den Klängen einer Musikkapelle lauschen. Diese Karte wurde am 1. August 1912 abgestempelt.

Vorbei am Elisenbrunnen promenierten die Bürger über den Friedrich-Wilhelm-Platz. Früher galt eine vornehme Blässe noch als erstrebenswert; darum ging man mit Sonnenschirm spazieren. Diese Aufnahme wurde von der Ecke Hartmannstraße aus gemacht.

Schauen Sie nun einmal in die Wirichsbongardstraße hinein. In ihrer Mitte stand früher ein großes Wegkreuz. Das Restaurant hinter dem Steinkreuz trug im Volksmund den „sinnigen“ Namen: Henger Herjotts Fott.

Alt-Bayern.

Samstag Abend 6 Uhr:
Eröffnung.
Carneval im Märchenreich

J. Vandeneschen.

Alt-Bayern.

Während der drei Fastnachtstage:
Täglich von Morgens 11 Uhr und Abends von 6 Uhr ab:
Carnevalistisches
CONCERT.
Ganz speciell wird auf die Frühschoppen aufmerksam gemacht.

J. Vandeneschen.

Alt-Bayern.

Mittwoch Abend 7 Uhr:
Fischessen
mit
Concert.

J. Vandeneschen.

In der Wirichsbongardstraße 43 war gleich das nächste Restaurant: „Alt-Bayern“ bot besonders zur Karnevalszeit ein volles Programm.

Das Bierdörfchen – so wurde es auch genannt – warb an den tollen Tagen mit Anzeigen in Aachener Zeitungen und mit den Jahr für Jahr herausgegebenen Grußkarten vom Aachener Karneval.

1898 ließ der Karneval aus dem „Alt-Bayern“ grüßen. Das Motto lautete: „Die Aachener in Blankenberghe“.

Bekanntmachung.

Da nach Bewilligung der 6 1/2 Millionen-Anleihe der für Canalisations-Arbeiten bestimmte Betrag prompt verposamentirt werden soll und daher das große vaterstädtische Reinigungswerk bald seiner Vollendung entgegengeht, so werden diejenigen Bewohner unserer Stadt, welche durch die **hervorragenden** Buddeleien noch nicht ausreichend belästigt worden sind, hierdurch aufgefordert, binnen vier Wochen etwaige Ansprüche auf die ihnen zustehende allgemeine Belästigung frankirt bei der unterzeichneten Behörde geltend zu machen, da ihretwegen bei der Versäumung dieser Frist Alles nicht noch einmal aufgebuddelt werden kann, sondern die periodisch wiederkehrenden Aufbuddelungen dann nur noch von der unterzeichneten Behörde aus allen möglichen **anderen** Gründen angeordnet werden. Etwaige Gesuche sind mit dem erforderlichen Stempel zu versehen, da sie sonst als **„werthlos“** bei Seite gelegt werden.

Krähwinkel, Fasching 1897.

Das städtische Bauamt,
Abtheilung für Tiefsinn.
J. V.:
Buddler.

Stipendium.

Aus dem Vermächtniß des zu Aachen verstorbenen Rentners Vol. Klomp ist ein Stipendium in der Staatspension zu vergeben. Bewerber wollen ihre Gesuche bis zum 2. März, Nachts 12 Uhr, Adalbertssteinweg einreichen. Erforderlich ist der Nachweis entweder der Abstammung vom Testator oder der Angehörigkeit einer famille honnête, sowie eines unbescholtenen Lebenswandels.

Der Senat.

Verein gegen Volkswohlfahrt

Sonntag:
Großer Familienabend.
Montag:
Großer Festball.
Dinstag:
Herrenabend.
Mittwoch:
Fischessen mit Musik.
Donnerstag:
Madammenabend.
Freitag:
Gemüthliche Zusammenkunft und Kegelabend.
Samstag:
Generalversammlung zur Festsetzung des Programms für die kommende Woche.

Gerichtlicher Verkauf.

Mittwoch den 3. März, Vormittags 10 Uhr, sollen auf dem Klosterplatze hierselbst durch den Unterzeichneten gegen gleich baare Zahlung verkauft werden:

Einige Tausend prachtvoller Kater in den verschiedensten Größen und Farben.

Der Gerichtsvollzieher
Mönes.

111,111 Mark

sind vom 2. März ab zu vergeben gegen ganz geringen Zins. Karnevalisten werden bevorzugt.

Griesgram & Geizhals,
Hypothekenversorgungsinstitut ohne beschränkte Haftpflicht.

Ein armer Dienstmann

verlor gestern einen

1000-Markschein,

die einzige Ersparniß für den Karneval. Der redliche Finder wird um Rückgabe in der Expedition gebeten.

Ich warne hiermit Jeden, mir auf meinen Namen Etwas zu borgen, da ich grundsätzlich für Nichts aufkomme.

J. Pumpwitz, Paßstraße.

Stadttheater.

Dinstag den 2. März 1897.
Vormittags 11 Uhr.
366. Vorstellung. Außer Abonnement.

Carnevalleria rusticana.

Oper in 1 Aufzuge von Pietro Mascagni dem Jüngeren.

Hierauf:
Zum 50. Male:

Das Puppenvieh.

Großes Ausstellungsballetdivertissement von Haßläufer und Pferd.

Was an den tollen Tagen los war, davon kündete das „Echo der Gegenwart“ am 28. Februar 1897: Fischessen, Kater zu verkaufen, 1000 Mark verloren . . .

Auf dem Friedrich-Wilhelm-Platz: In der Ferne sehen Sie die Hauptpost. Rechts, von prächtigen Bäumen verdeckt, steht der Elisenbrunnen.

An der Ecke Friedrich-Wilhelm-Platz und Hartmannstraße stand das Restaurant „Elisenbrunnen“ – auch dort erklang täglich Musik.

In der Hartmannstraße gibt's seit langer Zeit Kaffee und Kuchen bei Reul-Lauffs. Vor dem Zweiten Weltkrieg stand immer ein alter Mann mit Bauchladen vor der linken Ecke des Hauses und verkaufte Streichhölzer. Im Winter wärmte er seine Füße an der warmen Luft der Backstube.

Eine alte Annonce von Jul. Reul-Lauffs.

Hinter dem Haus Nummer sechs in der Elisabethstraße gähnte zunächst eine Baulücke – 1911 wurde dort hinein die Schwimmhalle gebaut.

Auf der gegenüberliegenden Seite der Elisabethstraße sieht man das Kloster der Franziskanerinnen, das bis zur Ecke Kleinmarschierstraße reicht. Durch Beschädigungen im Zweiten Weltkrieg mußte auch hier manches neu aufgebaut werden.

Die Städtische Schwimmhalle in der Elisabethstraße wurde ganz im Jugendstil ausgestaltet. Nach 6 Uhr abends war Volksbad – Eintritt zehn Pfennig.

Städt. Schwimm- und Badehallen
Aachen.

Seife

5 Pfg. 2 056039

abzugeben.

J. Granderath Düsseldorf.

Städt. Schwimm- und Badehallen
Aachen.

Volksbad
nach 6 Uhr abends

10 Pfg. 2 054039

abzugeben.

J. Granderath Düsseldorf.

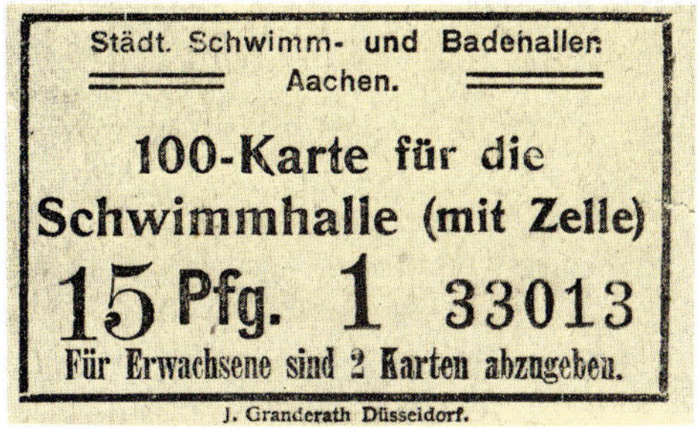

Städt. Schwimm- und Badehallen
Aachen.

100-Karte für die
Schwimmhalle (mit Zelle)

15 Pfg. 1 33013

Für Erwachsene sind 2 Karten abzugeben.

J. Granderath Düsseldorf.

Städt. Schwimm- u. Badehallen
Aachen.

Hunde bis 30 cm. Höhe
Zehnerkarte 1

4,00 M. 04152

abzugeben.

Städt. Schwimm- u. Badehallen
Aachen.

Hunde über 50 cm. Höhe
Zehnerkarte

8,00 M. 01009

abzugeben.

Nur f. Mitglieder d. Ortskrankenkasse.

Städt. Schwimmhallen Aachen, Elisabethstraße 10

Gutschein 06070
der Allgem. Ortskrankenkasse Aachen
für ein

- Schwitzbad (Heißluftbad Dampfbad) mit Massage
- Elektrisches Lichtbad mit Massage
- Fichtennadelbad
- Kohlensäurebad
- Sauerstoffbad
- Solbad (Salzbad)
- Trockeninhalation
- Wannenbad
- Schwimmbad
- Sonnenbad

Streng persönlich!

J. GRANDERATH, DÜSSELDORF.

Alte Eintrittskarten und Gutscheine für Erwachsene, Kinder, für Seife und – auch für Hunde?

Die Alexianer-Genossenschaft baute Ende der 20er Jahre am Alexianergraben ihr Mutterhaus. In ihren Anfängen geht sie auf die Laienbewegung der Begarden und Beginen im 13. Jahrhundert zurück. Der linke Flügel des Klosters wurde vor einigen Jahren neu gebaut.

Der Alexianergraben war ursprünglich wirklich ein Graben, und zwar befand er sich vor der ältesten Stadtmauer. Ein Nachklang alter Festungsanlagen findet sich im historistischen Gewand der Hauptpost – hier von der Ecke Prinzenhofstraße aus gesehen.

Mit seinen Türmchen ahmte das Hauptpostamt das historische Rathaus nach. Beim Wiederaufbau nach dem Zweiten Weltkrieg verzichtete man auf die Ziertürme. An der Ecke Franzstraße und Kapuzinergraben stand früher das Gartenrestaurant Weitz-Merscheim . . .

. . . in dessen Garten man ein lauschiges Plätzchen fand.

Die prunkvolle Fassade der „Kaiserlichen Oberpostdirektion“ erstrahlt heute wieder im alten Glanz, nachdem sie 1983/84 vom Schmutz der Abgase befreit wurde.

Amtsblatt
der Königlichen Regierung zu Aachen.

Stück 43. Donnerstag, den 22. Oktober. 1868.

№ 796. Die Leerung der im Stadt- und Landbezirke aushängenden Briefkasten findet Statt:

1. Im Stadtbezirke, a. an den Wochentagen: um 4³/₄ und 8¹/₄ Uhr Vormittags, 12³/₄, 3³/₄, 5³/₄ und 9 Uhr Nachmittags. Ferner erfolgt eine Zwischen-Leerung der Briefkasten am Rathhause, am Elisenbrunnen, in der Adalbertstraße, am Regierungsgebäude, in der Aureliusstraße und an der Wall- und Hochstraßen-Ecke um 11 Uhr Vormittags, in der Wilhelmstraße (Ecke der Lothringerstraße) und an der Wall- und Hochstraßen-Ecke um 7 Uhr Abends; b. an den Sonntagen: um 4³/₄ Uhr Vormittags, 3³/₄, 5³/₄ und 9 Uhr Nachmittags.

2. Im Landbezirke: nur an den Wochentagen in Eilendorf gegen 11 Uhr Vormittags, in Forst gegen 10¹/₂ Uhr Vormittags, in Brand gegen 12 Uhr Vormittags, in Laurensberg gegen 10 Uhr Vormittags, in Richterich gegen 11¹/₂ Uhr Vormittags, in Würselen gegen 10 Uhr Vormittags, in Grevenberg gegen 10¹/₂ Uhr Vormittags, in Bardenberg gegen 12¹/₂ Uhr Nachmittags, in Berensberg gegen 2¹/₂ Uhr Nachmittags.

Aachen, den 16. Oktober 1868.

Postamt, gez. Messow.

Was die Leerung der Briefkästen angeht, war die Post 1868 fortschrittlicher als heute.

Eine 8-Pf-Briefmarke, auf der die Innenstadt Aachens abgebildet ist.

Während die Fassade der Hauptpost im wesentlichen noch erhalten ist, wurde das Karlshaus links daneben im Zweiten Weltkrieg völlig vernichtet. Es war ein großes Hotel-Restaurant mit zahlreichen Gaststuben und Festsälen.

Der Eingang zum Hotel-Restaurant Karlshaus war am Theaterplatz (rechtes Bild), und der Zugang zum Verwaltungsgebäude befand sich am Kapuzinergraben (linkes Bild).

Der Kapuzinergraben am Theaterplatz mit dem Kaiser-Wilhelm I.-Denkmal. Im Hintergrund die Hauptpost.

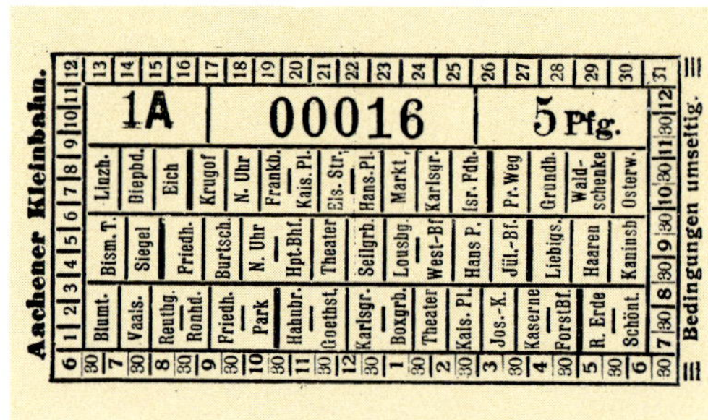

Vor dem Stadttheater hielt die Kleinbahn. Wer es sich leisten konnte, fuhr natürlich mit dem Auto vor. Heute noch läßt ein solcher Oldtimer (Mitte) manches Herz höher schlagen.

Stadtgeld aus der Inflationszeit: Die Abbildungen auf den Banknoten zeigen den Dom, Kaiser Karl und David Hansemann.

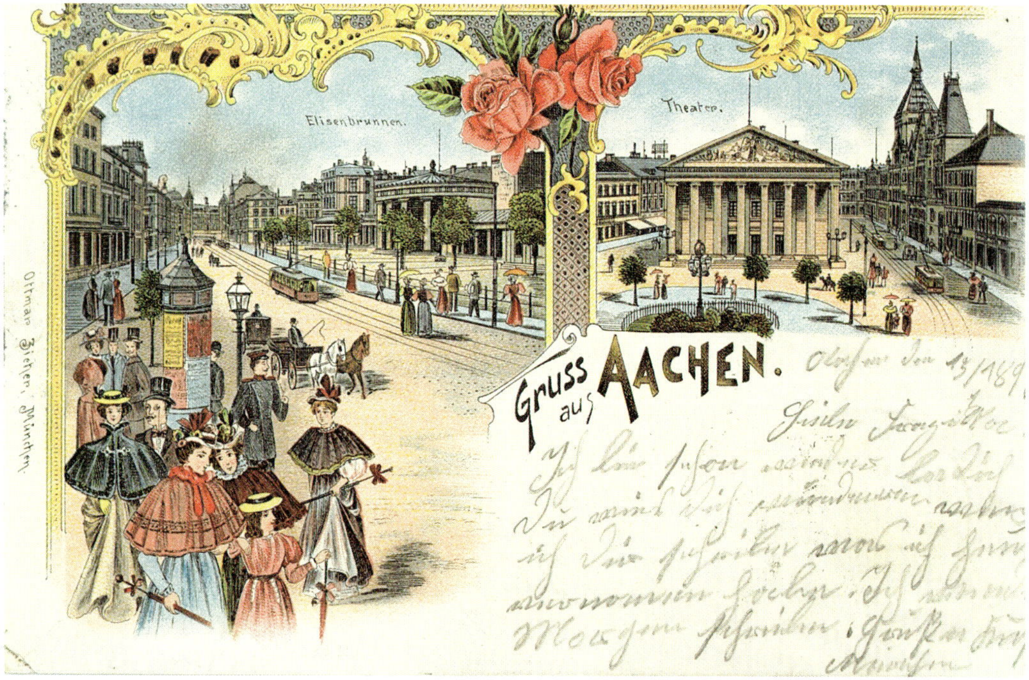

So sahen die Ansichtskarten vor 1900 aus: Die Mehrbild-Lithographien ließen auf der vorderen Seite Platz für die Grüße des Schreibers. Auf die Rückseite gehörten damals nur Anschrift und Briefmarke. Erst 1905 wurde diese internationale Vorschrift geändert. Seitdem kann man die Rückseite zur Hälfte beschreiben.

Die obere Karte stammt aus dem Jahr 1898, die untere wurde am 20. Mai 1904 abgestempelt.

Zusammen mit dem Elisenbrunnen wurde auch das Theater nach Plänen von Schinkel gebaut. 1825 war es fertig, doch schon 1900 ging man daran, das freistehende Gebäude nach Entwürfen des Architekten H. Seeling stattlicher und größer zu gestalten.

Auch ein Kaiser-Denkmal durfte nicht fehlen: Am 18. Oktober 1901 weihte der Kronprinz das Reiter-Standbild Wilhelms I. ein.

Um die Jahrhundertwende standen am Kapuzinergraben auch noch Pferdedroschken zur Beförderung bereit . . .

. . . später übernahm die Aachener Kleinbahn immer mehr den Personentransport. Einige Leute, die hier für den Photographen posieren, warten wahrscheinlich gerade auf die „Tram“.

Die älteren Aachener kennen das Gebäude der „Vier Jahreszeiten“ am Kapuzinergraben von außen und von innen. Auch nach dem letzten Krieg standen Hotel und Restaurant noch offen. Aber weil die Parkplätze fehlten, blieben die Hotelgäste aus. Inzwischen dient das Haus anderen Zwecken.

Mancher Gast denkt vielleicht wehmütig an die Zeit zurück, als er im Restaurant „Vierjahreszeiten“ 20 Maß Bier geleert hatte und dies per Urkunde beglaubigt bekam (Poststempel 15. 1. 1928).

Den Theaterplatz hatte man links vom Theater im „Wilhelminischen Stil“ umbaut. Die Geschäftshäuser standen schon zehn bis 15 Jahre, als die Aufnahmen für die beiden Ansichtskarten gemacht wurden. Im Zweiten Weltkrieg wurden die meisten von ihnen durch Bomben getroffen und mußten neu aufgebaut werden.

Theaterplatz: Blick zum Kapuzinergraben.

Die Rückseite des Stadttheaters vom Anfang der Theaterstraße aus gesehen. Links, am Theaterplatz, stand der damals neue Telephonturm des Reichspostgebäudes. Heute ist davon nichts mehr zu sehen.

Wer die Theaterstraße hochging, promenierte an stattlichen Privat- und Geschäftshäusern vorbei. Die Reichsbank zum Beispiel hatte den Stil der italienischen Renaissance nachgeahmt, in der Nähe prunkte ein neuer Barockbau. Dabei schrieb man das Jahr 1905!

Auf der Theaterstraße ein Blick zurück auf die Rückseite des Theaters. Der Schreiber der Karte hatte die Briefmarke vorne auf die Bildseite geklebt. Die Post war nicht kleinlich und entwertete die Marke auch dort. Das erste Haus vorne links an der Ecke Wallstraße ist der Kaiserhof.

In der Weitwinkel-Aufnahme wirkt der Kaiserhof, das früher größte Hotel Aachens, wirklich kolossal. Am 27. September 1912 stempelte die Post diese Karte ab.

Das „Größte Erste Hotel Aachens“ hielt natürlich entsprechende Reklamekarten für die Gäste bereit.

Diese lithographische Karte wurde kurz vor der Jahrhundertwende gedruckt. Auf ihrer Rückseite befindet sich ein Stadtplan Aachens.

In der Aureliusstraße stand das Christenserkloster. Die Ordensfrauen waren 1899 vom Kapuzinergraben Ecke Theaterplatz in das ehemalige Jesuitenkloster umgezogen. Das alte Kloster am Theaterplatz wurde abgerissen; 1968 mußte ebenfalls das Kloster Aureliusstraße einem großen Versicherungsgebäude weichen.

Ein paar Häuser weiter, in der Aureliusstraße 37-39, steht das Evangelische Frauenheim. Inzwischen sieht auch dieses Haus völlig anders aus. – Die Straße verdankt ihren Namen dem Märtyrer Aurelius, dessen Gebeine in der naheliegenden Marienkirche aufbewahrt werden.

Nach dem deutschen Reichspräsidenten Paul von Hindenburg war früher einmal die heutige Theaterstraße benannt. Sie wurde in den dreißiger Jahren des 19. Jahrhunderts als Promenade zwischen Aachen und Burtscheid durch bis dahin unbebautes Gebiet angelegt und hieß damals in ihrem oberen Teil Hochstraße. Die „hochherrschaftlichen" Häuser rechts und links der schnurgeraden Straße sind fast alle verschwunden.

Auch hier hat sich manches verändert: Die Hochstraße an der Ecke Wilhelmstraße (an der Normaluhr) hat viel von ihrem kleinstädtischen Charme eingebüßt. Heute steht dort die Dependance einer Versicherungsgesellschaft.

Die „Normaluhr“ (links im Bild) mußte mittlerweile einer Straßenerweiterung weichen. Geblieben ist die Bezeichnung für den Platz an der Wilhelmstraße. In den zwanziger Jahren traf man sich hier zum Rendezvous: Also, bis 11 Uhr an der Normaluhr!

HOTEL CONTINENTAL

Wilhelmstr. 68 Bes.: J. FOURASCHEN Telephon 1454

Vollständig neu renoviert

GUTBÜRGERLICHES RESTAURANT

DINERS SOUPERS

Speisen à la cart zu jeder Tageszeit

Als „Verbindungsweg“ zur Abteisiedlung Burtscheid wurde die Wilhelmstraße in napoleonischer Zeit angelegt, danach ausgebaut und 1862 nach dem preußischen König und späteren deutschen Kaiser Wilhelm I. benannt.

Fast ganz in Vergessenheit geraten ist das ehemalige „gutbürgerliche“ Restaurant und Hotel „Continental“ an der Ecke Wilhelmstraße und Lothringerstraße.

Dieses Bild gehört der Vergangenheit an: Die evangelische Christuskirche Ecke Martin-Luther-Straße und Wespienstraße, 1896 nach Plänen von Professor Frentzen im Stil der niederländischen Renaissance erbaut, wurde im Bombenhagel des Zweiten Weltkrieges so stark beschädigt, daß ein Neuaufbau 1959 endgültig verworfen wurde. Dafür wurde 1979-1983 das Gemeindezentrum „Martin-Luther-Haus“ erbaut.

Eine andere Ansicht der Wilhelmstraße: Diese Aufnahme entstand zwischen 1905 und 1910 an der Ecke Lothringerstraße.

Ein besonders repräsentatives Haus (Bildmitte) an der Wilhelmstraße wurde 1901 zum Museum umgestaltet. Eine Sammlung, die Barthold Suermondt der Stadt vermachte, war sein Grundstock. Die Fassade des Suermondt-Ludwig-Museums wurde übrigens der Bibliothek San Marco von Sansovino in Venedig nachgebildet.

Die Augustastraße, rechts von der Wilhelmstraße, führt direkt zum Amtsgericht.

Recht gesprochen wurde seit 1888 im Königlichen Amtsgericht an der Kongreßstraße. Es zeugt vom historistischen Stil der Gründerzeit. Wie die Hauptpost ist es in der Art eines romanischen Palastes gebaut. Auch heute noch sind im Altbau einige Dienststellen der Justiz untergebracht.

Von der Wilhelmstraße gelangen Sie auf Ihrem Rundgang zum Kaiserplatz. Zu Kaiser Wilhelms Zeiten machte der weitläufige Platz mit dem großen Brunnen seinem Namen alle Ehre.

Gegenüber der Adalbertskirche stand das Konzerthaus Imperial zwischen der Martin-Luther-Straße und Beeckstraße. Die Karte wurde am 15. August 1914 als Feldpostgruß geschrieben.

Ein Panorama vom Kaiserplatz mit der Fontäne, einem Geschenk von G. Rehm: Rechts ragt wie eine ruhige Insel auf dem Fels St. Adalbert auf. Der Kaiserplatz war auch damals schon Dreh- und Angelpunkt des Verkehrs. Links liegt die Christuskirche.

Wieder eine andere Perspektive: Diesmal liegt die Adalbertskirche links, rechts mündet die Heinrichsallee auf den Platz.

Für 20 000 Franc kaufte G. Rehm auf der Weltausstellung in Paris den abgebildeten Brunnen und schenkte ihn 1879 der Stadt Aachen. 1940 wurde er zur Schrottverwertung abgebrochen.

Die Adalbertskirche wurde zu Ehren des hl. Adalbert von Otto III. gestiftet und unter Heinrich II. in ihrer ursprünglichen Form 1005 vollendet und geweiht.

Jetzt sehen Sie von der Heinrichsallee auf die Adalbertskirche. Im lärmenden Verkehr gelangt man heute nur auf dem Fußgängerüberweg sicher über die Kreuzung.

Am Beginn der Heinrichsallee steht das Reiterstandbild des Hohenzollernkaisers Friedrich III.
Kaiser Wilhelm II. weihte es am 18. Oktober 1911 ein.

Von der unteren Adalbertstraße hat man den besten
Blick auf den Glockenturm von St. Adalbert.

In schlichter Form wurde diese alte Villa am Kaiserplatz, am Beginn der Heinrichsallee, nach dem Zweiten Weltkrieg wieder aufgebaut. In früheren Tagen präsentierte sich das Haus mit einer prachtvolleren Front.

Dies ist die linke Seite des Adalbertsteinwegs. Das Eckhaus existiert nicht mehr. Heute hat die Stadtsparkasse in einem neuen, modernen Gebäude eine Zweigstelle eingerichtet.

Baulich interessant waren auch die Häuser an der Ostseite des Kaiserplatzes, der 1879 anläßlich der goldenen Hochzeit des Kaisers ausgebaut wurde. Im Vordergrund die Kleinbahn mit einem Arbeitswagen als Anhänger.

Ein Abstecher ins Ostviertel der Stadt lohnt sich! Hier schauen Sie in den Adalbertsteinweg hinein.

Schlendern Sie einige hundert Meter weiter, erreichen Sie den Steffensplatz. Damals plätscherte dort ein kleiner Brunnen. Natürlich viel bescheidener als die imposante Anlage in der Mitte des Kaiserplatzes (im Hintergrund).

Der Adalbertsteinweg führte hinter dem Adalbertstor Richtung Stolberg und Eifel. Steinweg hießen bis 1894 die Haupt- und Torstraßen, weil sie mit Steinen befestigt waren.

In der zweiten Hälfte des 19. Jahrhunderts baute man jenseits der breiten Wilhelmstraße, östlich von Kaiserplatz und Heinrichsallee, große neue Viertel für die rasch zunehmende Bevölkerung. Lange Zeilen von Mietshäusern entstanden am Adalbertsteinweg.

In den Adalbertsteinweg mündet die Rudolfstraße. Dahinter gab es auch nach dem letzten Krieg noch eine einladende Baumallee für die Fußgänger (im Hintergrund).

Ecke Kongreßstraße und Adalbertsteinweg mündet die siebte Querstraße in den langen Weg. Bis zum Bahnhof Rothe Erde sind es insgesamt zwanzig Straßen.

Die Kongreßstraße ist eine davon. Dort stand seit den dreißiger Jahren des vorigen Jahrhunderts das Kongreßdenkmal. 1836 war die Grundsteinlegung. Es sollte an den Aachener Monarchenkongreß von 1818 erinnern: Hier fand am 5. Jahrestag der Völkerschlacht bei Leipzig ein Feldgottesdienst statt, an dem die drei Monarchen von Preußen, Rußland und Österreich teilnahmen. Heute findet man das Denkmal im Stadtgarten.

Die Josephskirche, Ende des 19. Jahrhunderts zur Pfarrkirche geweiht, ist ein Mittelpunkt des Ostviertels. Rechts an der Kirche vorbei verläuft der obere Adalbertsteinweg Richtung Aachen-Forst. Nach links zweigt die Stolberger Straße ab. – Auf der schön kolorierten Karte, abgestempelt am 25. Juli 1904, erkennt man das Gebäude der Friedhofsverwaltung (vorne links). Dahinter liegt der Ostfriedhof, der am Ende dieses Jahrhunderts wahrscheinlich geschlossen wird.

Kurz nach dem Krieg wurden in der Josephskirche wieder Messen gelesen. Aber erst 1951 gab es einen feierlichen Eröffnungsgottesdienst im renovierten Gotteshaus. Die hohe Turmspitze ist allerdings bis heute noch nicht wiederhergestellt worden.

Diese Karte stammt aus der Zeit vor dem Ersten Weltkrieg. Der Photograph hielt eine Szene vor der damals schon belebten Oranienstraße und Eifelstraße fest.

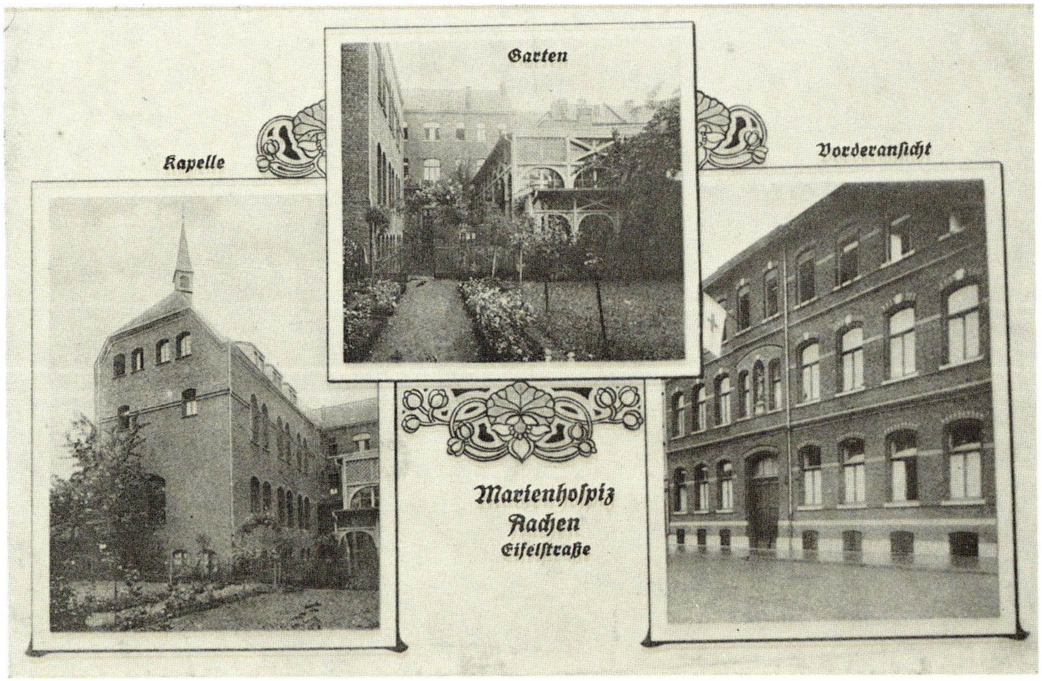

Die Dreibildkarte zeigt das heutige Altersheim Marienlinde in der Eifelstraße. Früher wurde das Gebäude Marienhospiz genannt und als Herberge und zeitweilig auch als Kindergarten genutzt.

Die Fronleichnamskirche in der Düppelstraße hatte schnell ihren Spitznamen weg: „Sankt Makai“ (Quark) nannte man die moderne, weißgestrichene Anlage. Offenbar entsprach die damals neuzeitliche Kirchenbaukunst nicht den Aachener Vorstellungen, wie eine Kirche auszusehen hatte. Eine Karte von 1930.

1882 bezogen das Infanterieregiment 53 und das Bezirkskommando die neu gebaute „Gelbe Kaserne“ am Elsaßplatz. Die obere Karte zeigt das Hauptportal, die untere den großen Exerzierplatz. Nach einigen Volltreffern im Zweiten Weltkrieg war bis zum völligen Abbruch noch eine Zeitlang das 4./5. Polizeirevier in einigen Räumen untergebracht. Jetzt erinnern lediglich die Säulen vom Hauptportal an die alte Kaserne. Auf dem zum Kennedypark umgewandelten Gelände spielen die Kinder.

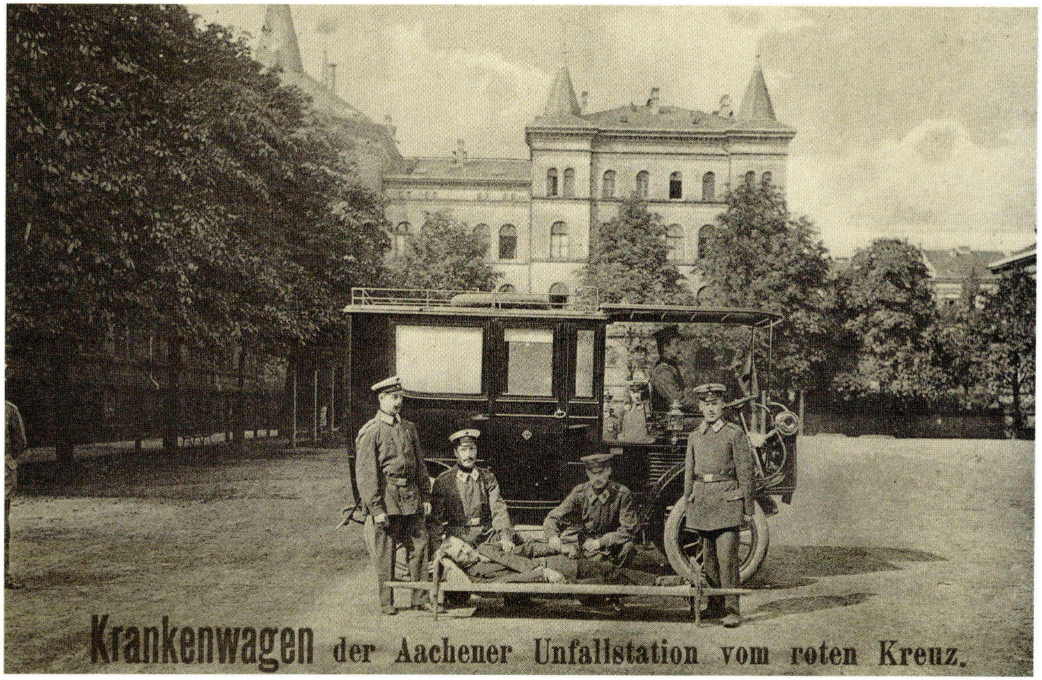

Die obere Karte wurde am 15. Dezember 1917, die untere am 14. September 1913 abgestempelt.

Hotel König von Spanien

Weingroßhandlung
W. B. Michels

Kleinmarſchierstraße 52 Fernsprecher 35123

Künstlerspiele „Wintergarten"

Seilgraben 5 Inh.: Otto Hähnel Telephon 32636

Varieté I. Ranges — Einzig am Platze
Täglich Auftreten von
8 Internationalen Attraktionen von Weltruf 8

Anfang der Vorstellung 8½ Uhr — Anfang des Konzerts 7.45 Uhr — Kassenöffnung 7 Uhr
Gute preiswerte Küche — Gutgepflegte Biere — ff. Weine erster Häuser

---

Kurhotel „Neubad"

Burtscheid • Bes.: Frau Seb. Wolff

Modern eingerichtet. – Fließendes kaltes und warmes Wasser in allen Zimmern. – Zentralheizung. – Personenaufzug. – Thermalbäder im Hause. – Mäßige Preise bei erstklassiger Verpflegung.

Telephon 23669

Spaten-Restaurant

Inhaber: J. Sturm
Theaterplatz 1 Theaterplatz 1

Ausschank des Münchener Spaten-Bieres

Diner in allen Preislagen
von 1.25 RM. aufwärts

Spaten-Keller
Täglich jeden Abend ab 7 Uhr Konzert

Hotel-Restaurant
„Vier Jahreszeiten"

gegenüber dem Stadttheater
Telephon 32771 und Münzapparat vorhanden

Spezial-Ausſchank: Münchener Löwenbräu — In allen Zimmern fließendes Wasser — Zimmer von 4.— Mark an — Warme Küche zu jeder Tageszeit

W. Schlösser

Karlshaus

das gute Haus zu bürgerlichen Preisen

Vornehme Wein- und Bierräume
Bekannt beste Küche
Familien-Konzerthaus
Täglich Konzert der Hauskapelle

Säle für Hochzeiten, Geſellſchaften
bis zu 500 Personen
Beliebtes Akademiker-Lokal
Billardsäle

M. Schmitz

Hotel-Restaurant **„Continental"**

Bes.: J. Fouraschen
Wilhelmstraße 68 AACHEN Ecke Lothringerstr.
Fernsprecher Nr. 30434

Diners à 1.25 Mk. — Im Abonnement 1.00 Mk.
Reichhaltige Abendkarte und Spezialplatten
Pilsener Urquell, Dortmunder Union, Franziskaner
Weine erster Häuser
Vereinssaal 1. Etage

Restauration Schwimmanstalt
alte Schwimmhalle

Adalbertsteinweg 10

Pilsener Urquell, Dortmunder, Münchener Biere

Anerkannt gute Küche
Mäßige Preise

Seilgraben Nr. 2 **Hotel Werner** Telephon 31698

das Restaurant des guten Bürgers

Dortmunder, Münchener und Pilsner Biere
Erstklassige Weine o Exquisite Küche

Sonn- und Feiertags: Konzerte

Schöne Säle für Vereine und Festlichkeiten.

Weinhaus Pütz

Wein-Restaurant I. Ranges
Edelstraße 12, Fernsprecher 26315

Bekannt in- und außerhalb Aachens für seine guten, preiswerten Mosel-, Rhein- und Pfalzweine
Spezialität
in spaniſchen und anderen ausländiſchen Weinen
Erstklassige Küche
Saal mit Klavier für Vereine und Festlichkeiten

Hotel-Restaurant **„Kloubert"**

Inhaber: **Cornel v. Agris**
Templergraben 64/66 — Fernsprecher 26754
vis-à-vis der Techn. Hochschule — **Zentralheizung**

Mittag- und Abendessen 1.— u. 1.50 Mk.
im Abonnement 10% Ermäßigung
Erstkl. Dortmunder u. Münchner Biere
Konferenz- und Geſellſchaftssäle
Kegelbahn

Astoria-Restaurant

Kaiserallee 115. Telephon 34702.

Erstklassige Küche.

Diners, Soupers, reichhaltige Abendkarte.
Die anerkannt besten Biere
der A.-G. Paulanerbräu, Salvatorbrauerei und Thomasbräu, München
Pilsner Urquell. Bestgepflegte Weine.
Eigene modernste Bier- und Fleiſchkühlanlage.

Gesellschaftsraum für Hochzeiten etc.

Drei Türme

Empfehlen Sie bitte:

1. Das Kurbadehotel **Schwertbad**

Burtscheidermarkt 22, Fernsprecher 30333. — Neuzeitlich umgebaut und eingerichtet. — Neue Bäderanlage. — Gute Verpflegung. — Mäßige Preise. — **Beste Winterkuren.** — Prospekte.

2. Städt. Badehaus **Comphausbad**

Dahmengraben 23, Fernsprecher 30333 (Nebenstelle).
Beste Thermalbäder, Duschen und Massagen.

Inh.: H. Krückel.

Café-Restaurant Central

10 Kapuzinergraben 10

1 Minute von der Hauptpost-Haltestelle

Bekanntes gutes Frühstück ab 7½ Uhr morgens – Diners zu 1.–, 1.25, 1.50 etc. ab 12 Uhr mittags – Kalte Platten und Schnittchen, große Auswahl – Bouillon mit Brötchen 20 Pfg. – Bohnenkaffee mit Milch und Zucker 25 Pfg. oooooo Dortmunder Union $^{6}/_{20}$ Glas 30 Pfg.

Das Mitte des vorigen Jahrhunderts gegründete Hüttenwerk Rothe Erde gab in guten Zeiten 5000 Menschen Arbeit. 1926 mußte die Fabrik geschlossen werden.

Die 1901 erbaute Kirche St. Barbara in Rothe Erde an der Barbarastraße und Hüttenstraße wurde 1908 Pfarrkirche. Gleich neben der Kirche gingen die Kinder des Stadtteils in die Schule.

Zurück zum Adalbertsteinweg: Von der Ecke Reichsweg aus sehen Sie in der Ferne die Josephskirche. Links, das kleine helle Haus, nannte man „et Knopse Hüssje“ oder „et wisse Hüssje“.

Das ist der kleine Bahnhof Rothe Erde am Ende des Adalbertsteinwegs und am Anfang der Trierer Straße, die hinter der Zugüberführung beginnt.

1903, als diese Mehrbild-Ansichtskarte geschrieben wurde, hieß es noch „Forst bei Aachen“. 1906 wurde Forst eingemeindet.

So einsam lag früher die Trierer Straße in Forst vor den Reisenden und Fuhrleuten, wenn sie die Kaiserstadt in Richtung Brand verlassen hatten.

In das Café-Restaurant Drimborner Wäldchen kehren die Aachener nach wie vor gerne ein . . .

. . . Nur der Einsiedler, der bis zum Ersten Weltkrieg in der Klause am Beverbach hauste, ist in Vergessenheit geraten. Als Schöpfer des Drimborner Wäldchens gilt der 1825 verstorbene Hermann Isaak von Aussem. Heute nutzt der Tierpark das Wäldchen.

Die 1000jährige Forster Linde zählt zu den historischen Linden Deutschlands. Wer will, kann heute noch in ihrem Schatten stehen.

Das Forster Krankenhaus nahm 1901 die ersten Patienten auf. Nachdem es im Krieg zu 80 Prozent beschädigt wurde, lief der Pflegebetrieb erst 1946 wieder an. Jetzt dient das Gebäude als Altersheim.

Im Schloß Gut Schönthal traf man sich früher gern zu festlichen Anlässen. Der Prinz von Preußen besuchte dort 1855 eine Abendgesellschaft beim Bürgermeister Nellessen.

Dem Zeitgeist entsprechend baute man die Pfarrkirche zur hl. Katharina 1866 im neoromanischen Stil. Die Ansicht von Kirche, Forster Schule und alter Linde wurde am 21. August 1904 abgeschickt.

Jetzt erreichen Sie das Frankenberger Viertel und blicken auf die Rote Kaserne – so genannt wegen ihrer roten Ziegelmauer. 1890 zog das II. Bataillon des Infanterie-Regiments 53 in den einfach angelegten Gebäudekomplex ein. Heute steht an der Stelle das Finanzamt Rothe Erde.

Die Viktoriaallee entstand im letzten Drittel des 19. Jahrhunderts. Noch heute ist sie eine schöne Straße, viele alte Häuser sind erst kürzlich renoviert worden.

Am Ende der Viktoriaallee wurde 1908 bis 1910 die Herz-Jesu-Kirche nach rheinisch-romanischem Muster gebaut. Damit hatte das Frankenberger Viertel seine eigene Kirche.

Von der Herz-Jesu-Kirche gelangen Sie über die Turpinstraße zur Frankenburg. Der frühere Herrensitz der Familie von Merode Hoffalize aus dem 13. Jahrhundert beherbergt jetzt ein Stadt-Museum mit antiker Kleinkunst und rheinischem Steinzeug.

Der Neumarkt, zwischen Viktoriaallee und Frankenburg gelegen, bildet den Mittelpunkt des Viertels, das früher zu Burtscheid gehörte.

Die Marktstraße, jetzt Triebelstraße, verbindet den Neumarkt mit der Oppenhoffallee (früher Kaiserallee).

Noch ein Blick auf die sagenumwobene Frankenburg. Karl der Große soll an den Teich der Frankenburg durch den Ring seiner Frau Fastrada gefesselt worden sein. Erzbischof Turpin hatte den Ring nach dem Tode von Fastrada dort ins Wasser geworfen.

Ecke Bismarckstraße und Schloßstraße: Damals eine ruhige und beschauliche Gegend. Heute braust ein Auto nach dem anderen durch die Straße; Parkplätze am Rande des Rad- und Gehwegs sind kaum zu finden.

Dieselbe Ecke wie auf der vorigen Karte. Hier ein Blick auf die Parkanlage der Frankenburg. Die Karte wurde am 31. Mai 1920 abgeschickt.

Das ist die Schloßstraße an der Ecke Zollernstraße und am Anfang der Kaiserallee (Oppenhoffallee). Im Hintergrund ein Turm der Frankenburg.

Die Kaiserallee – jetzt Oppenhoffallee – mit ihren schönen Baumreihen. Manches alte Haus erhielt in den letzten Jahren durch einen frischen Anstrich etwas von seinem alten Glanz zurück.

Die Karte aus dem ersten Jahrzehnt des 20. Jahrhunderts zeigt die große Kreuzung von fünf Straßen am Ende der Zollernstraße.

Jetzt gehen Sie die Zollernstraße hoch, die von der Oppenhoffallee (früher Kaiserallee) zur Normaluhr führt. Im Hintergrund die Dreifaltigkeitskirche.

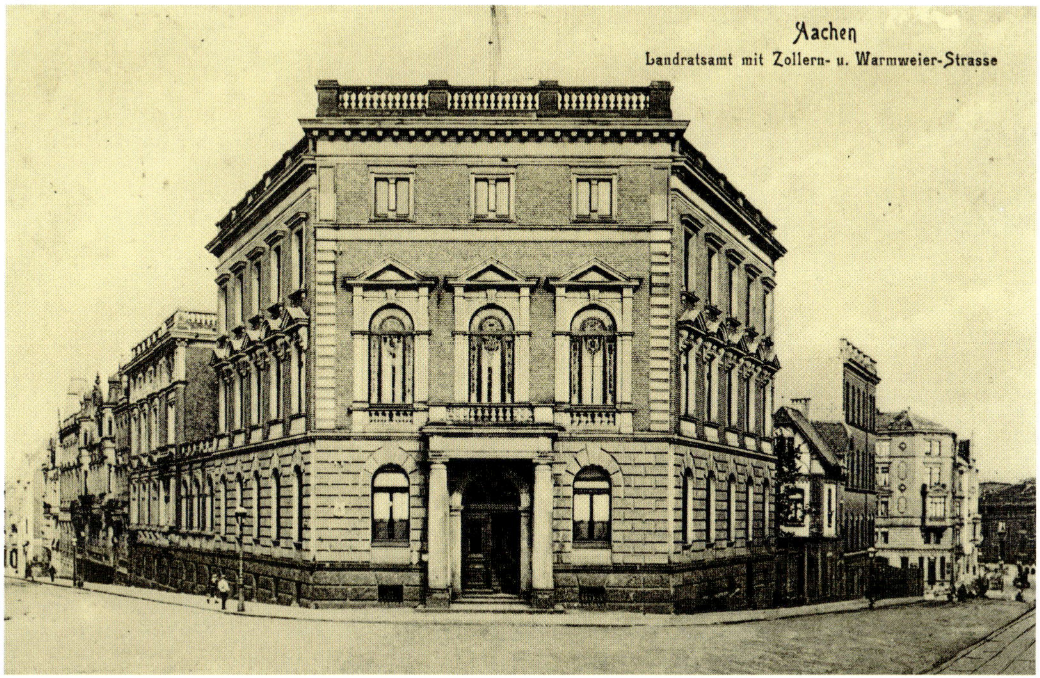

An der Ecke Zollernstraße und Warmweiherstraße stand das Landratsamt. Heute befindet sich an gleicher Stelle das Kreishaus.

Gegenüber dem Landratsamt, zwischen Herzogstraße und Zollernstraße, erhebt sich die Dreifaltigkeitskirche. Das evangelische Gotteshaus wurde 1899 fertiggestellt. Im Zweiten Weltkrieg brannte es aus und wurde 1955 erneut eingeweiht.

Über die Normaluhr und Wilhelmstraße führt Ihr Weg zum Kaiserplatz zurück.

Aachener Kleinbahn.

Linie 1: Von **Haaren** über Hansemannplatz — Markt / Rathaus / Münster — Karlsgraben — nach **Emmichstraße.**

Linie 2: Von **Forst** (Krankenhaus) über Adalbertsteinweg — Kaiserplatz — Elisenbrunnen — Theaterplatz — Karlsgraben — Westpark nach **Hahnbruch.**

Linie 3: Rundlinie **Burtscheid** — Hauptbahnhof — Theater — Konzerthaus — Technische Hochschule — Ponttor — Ehrenmal — Kurhaus — Quellenhof — Hansemannplatz — Kaiserplatz — Normaluhr nach **Burtscheid.**

Linie 4: Rundlinie (Eupen) — **Köpfchen** — Linzenshäuschen — Diepenbenden — Normaluhr — Theater — Kaiserplatz — Normaluhr — **Diepenbenden.**

Linie 5: Von **Ronheide** über Goethestraße — Boxgraben — Polizeipräsidium — Theater — Konzerthaus — Technische Hochschule — Ponttor — nach **Westbahnhof.**

Linie 6: Von **Elsaßstraße** über Neumarkt — Theater — Karlsgraben nach **Westpark.**

Linie 7: Von **Hauptbahnhof** über Kaiserplatz — Hansemannplatz — Markt/Rathaus/Münster — Karlsgraben — Emmichstraße — Preußweg — Grundhaus — Osterweg (Pelzerturm) — Erholungsheim Stadtwald — Zollamt Bildchen — Tülje nach **Altenberg.**

Linie 8: Von **Stolberg** Hbf. — über Atsch — Markt — Binsfeldhammer — Vicht nach **Zweifall.**

Linie 9: Von **Eschweiler** Hbf. über Eschweiler Rathaus — Hehlrath — Mariadorf nach **Alsdorf.**

Linie 10: Von **Vicht** über Gressenich — Hamich/Schevenhütte — Hastenrath — Nothberg Bf. — Eschweiler Rathaus nach **Dürwiß.**

Linie 11: Von Aachen **Markt** über Hansemannplatz — Haaren — Kaninsberg — Weiden — Mariadorf nach **Alsdorf.**

Linie 12: Von **Eilendorf** über Rothe-Erde — Elsaßstraße — Adalbertsteinweg — Kaiserplatz — Theater — Karlsgraben — Hahnbruch — Vaalser Friedhof — nach **Vaals** Grenze und Blumenthal.

Linie 13: Rundlinie. **Waldfriedhof/Bismarckturm** — Siegel — Burtscheid — Kaiserplatz — Kurhaus/Quellenhof — Ehrenmal — Ponttor — Technische Hochschule — Theater — Hauptbahnhof — Burtscheid — Siegel nach **Bismarckturm**/Waldfriedhof.

Linie 14: **Diepenbenden** — Normaluhr — Theater — Kaiserplatz — Normaluhr Diepenbenden — Linzenshäuschen — **Köpfchen** — (Eupen).

Linie 15: Von **Goethestraße** über Boxgraben — Polizeipräsidium — Theater — Kaiserplatz — Forst — Brand — Kornelimünster — Walheim nach **Sief.**

Linie 16: Von **Aachen Hauptbahnhof** über Theater — Technische Hochschule — Ponttor — Laurensberg — Richterich — Kohlscheid — Kirchrath — (Heerlen) — Herzogenrath nach **Merkstein.**

Linie 21: Von Aachen **Markt** über Hansemannplatz — Haaren — Kaninsberg — Würselen nach **Bardenberg.**

Linie 22: Von Aachen **Hahnbruch** über Theater — Kaiserplatz — Eilendorf — Stolberg Atsch — Eschweiler Rathaus nach **Weisweiler.**

Linie 25: Von Goethestraße über Boxgraben — Polizeipräsidium — Theater — Kaiserplatz Forst — Brand — Büsbach nach **Stolberg** Markt.

Linie 26: Von Aachen **Theater** über Ponttor — Laurensberg — Richterich — Horbach nach **Locht** — (Heerlen).

Linie 31: Von **Mariadorf** nach **Höngen** (Anschluß von und nach Aachen und Eschweiler;.

Linie 35: Von **Kornelimünster** nach **Breinig** (Anschluß von und nach Aachen).

Um die Jahrhundertwende bot sich dieser Blick von der Heinrichsallee auf den Kaiserplatz. Die Aufnahme wurde 1905 gemacht.

Ein Linienplan der Aachener Kleinbahn: So fuhren die Bahnen in den dreißiger Jahren.

Um die Jahrhundertwende transportierte die „Tram“ im Sommer ihre Fahrgäste im offenen Wagen.

Von der Heinrichsallee schaut man hinüber auf das Kaiser-Friedrich-Denkmal und die Adalbertkirche. Eine Karte aus den zwanziger Jahren.

Ein anderer Kaiser gab der Allee, hier vom Kaiserplatz in Richtung Hansemannplatz, seinen Namen: Heinrich II.

Sie ist ein Teil einer 1737 angelegten Promenade. 1864 war der Weg schon bebaut. Dies ist eine Aufnahme der Heinrichsallee an der Promenadenstraße und Maxstraße.

Spazieren Sie die Maxstraße hinunter zum Rehmplatz. G. Rehm, Aachener Großunternehmer, war an der Gestaltung und Bebauung dieses Viertels maßgeblich beteiligt. Im Lauf der Jahrzehnte hat der Platz mehrmals sein Gesicht verändert.

Seit der Einweihung der Mariensäule sind fast hundert Jahre vergangen. An der Säule von Stadtbaurat Laurent und der Madonnenfigur von Wilhelm Pohl haben Wind und Regen seitdem deutliche Spuren hinterlassen.

Sie sind jetzt am Hansemannplatz, einem zentralen Verkehrsknotenpunkt der Stadt. Die grünen Inseln mußten nach dem Kriege weichen, damit der Verkehr flüssiger fließen kann.

Bad Aachen Erfrischungsraum Hansemannplatz, geöffnet von 6 Uhr morgens bis 11 Uhr abends

Am Anfang der Monheimsallee stand ein Erfrischungsraum. Ein Kiosk bietet dort heute Zeitschriften und Romanhefte an.

Die Alexanderstraße mündet auf den Hansemannplatz. Früher stand hier das Hansemann-Denkmal. Dies ist eine Ansichtskarte, die am 17. August 1920 versandt wurde.

HERMANN CONSTEN · AACHEN
ADLER-BRENN- UND BRAUEREI G.M.B.H.

Ein schönes Haus am Hansemannplatz: Es gehörte Hermann Consten, der an der Ecke Heinrichsallee/Peterstraße ein Restaurant betrieb.

Besitzer der Restauration mit dem klangvollen Namen „Friedrichseiche“ an der Ecke Alexanderstraße und Monheimsallee war Josef Göttgens. Die Karte wurde am 5. Mai 1908 abgeschickt.

Dem preußischen Staatsminister und Finanzmann David Hansemann setzten die Aachener 1888 ein Denkmal. Bis 1894 hatte der große, später nach ihm benannte Platz keinen eigenen Namen. – Die Jülicher Straße (im Hintergrund) hieß noch Kölnsteinweg.

Auch in diesem Haus, Ecke Jülicher Straße und Paßstraße, war eine Restauration untergebracht. Der Familienbetrieb Fell existierte bis zur Zerstörung im Jahre 1943. Nach dem Krieg baute man das Haus wieder auf.

Das Fröbel-Seminar steht seit 1908 an der Paßstraße/Ecke Robensstraße. Es wurde vom Aachener „Verein zur Beförderung der Arbeitsamkeit“ eröffnet. 1921 übernahm die Stadt das Seminar, das seitdem meistens als Kindergarten benutzt wurde.

Der preußische Generalfeldmarschall Fürst Blücher besuchte Aachen mehrere Male. Anlaß für die Aachener, 1904 einen Platz nach ihm zu benennen. Die hohe, dreischiffige Elisabethkirche am Blücherplatz wurde 1912 eingeweiht.

Aus dem Blücherplatz ist mittlerweile ein simpler Parkplatz geworden. Angestellte der städtischen Verwaltung tun jetzt in der früheren Baugewerkschule Dienst.

Büroräume entstehen auch im ehemaligen Hotel Hindenburg an der Jülicher Straße. Das Hotel hat 1984 seine Pforten für immer geschlossen.

FAFNIR-Sportphaeton

Die Hallen der Fafnir-Werke in der Nähe der früheren Landgemeinde Haaren. Hier wurden von 1912 bis 1925 unter anderem flotte Automobile produziert. Oben: Ein Sportwagen aus dieser Zeit.

So wurde um die Jahrhundertwende geworben.

Diese Annoncen stammen aus einem alten Aachen-Führer.

Nach dem Abstecher in die Jülicher Straße gehen Sie nun die Monheimsallee hoch.

Linker Hand das Franziskanerkloster und die Klosterkirche. Die Gebäude wurden von 1891 bis 1893 errichtet. Nach dem letzten Kriege wurden die durch Bomben beschädigten Häuser wieder hergestellt. Aber 1967 verkauften die Franziskaner den gesamten Komplex. Danach hat man Kloster und Kirche abgerissen. Heute steht dort das Haus einer Versicherung.

Mit dem Abriß des Maria-Hilf-Hospitals im Jahre 1914 ging eine fast 60jährige Geschichte der Krankenpflege an der Monheimsallee zu Ende. Stadtbaumeister Ark errichtete zwischen 1848 und 1855 das Hospital für ursprünglich 260 Betten. Die Elisabetherinnen erweiterten die Kapazität auf über 300 Betten. Den Platz des Maria-Hilf-Hospitals nahm später das Neue Kurhaus, jetzt Spielcasino, ein.

Mitten im Ersten Weltkrieg, am 8. Juni 1916, eröffneten Quellenhof und Neues Kurhaus den Kur- und Badebetrieb an der Monheimsallee.

Stadtgarten und Kurpark bildeten zusammen den idealen Rahmen für das Neue Kurhaus und den Quellenhof.

Diese Ansichtskarte, die die Front des Quellenhofs zum Kurpark hin zeigt, wurde 1932 geschrieben.

Der Quellenhof mit Kurmittel- und Badehaus war damals ein Prunkhotel, das seinesgleichen suchte. Auch heute ist das modernisierte Haus Aachens erste Hoteladresse.

Hier die rechte Seite des Kurhauses mit dem Musikpavillon. Heute können die Gäste des Internationalen Spielcasinos, das sich im Neuen Kurhaus eingerichtet hat, in diesem Trakt den Gaumenfreuden nachgehen.

Alte Annoncen des Quellenhofs und ein Kofferaufkleber.

Durch diese Wandelhalle hinter dem Quellenhof konnte früher der Kurgast lustwandeln. Heute steht an dieser Stelle das Eurogress.

Auf den Tennisplätzen hinter dem Neuen Kurhaus wird immer noch ein flottes „Match“ gespielt.

1898 wurde das Meteorologische Observatorium auf einer Anhöhe im Stadtgarten gebaut (Bildmitte). Heute steht dort eine neue Wetterwarte.

So wie dieser einzelne Herr kann sich heute niemand mitten auf die Kreuzung Krefelder Straße und Sandkaulstraße am Ende der Monheimsallee stellen – er müßte schon lebensmüde sein.

Die Ludwigsallee ist die Verlängerung der Monheimsallee. Sie wurde nach Ludwig dem Frommen, dem Sohn Karls des Großen, benannt.

An der Krefelder Straße legte man Wert auf gepflegte Vorgärten. Weil sie wirklich nach Krefeld führt, wird sie seit 1894 so benannt – vorher hieß sie Sandkaulsteinweg.

Das Gartenrestaurant an der Ecke Krefelder Straße und Soerser Weg wechselte mehrmals Namen und Besitzer. Die Aufnahme stammt aus dem Jahre 1927. Im Krieg wurde das Restaurant zerstört.

Villa Champier am Lousberg — Aachen

Hinter dem Salvatorberg, weiter links vom Soerser Weg, lag das Gartenrestaurant Villa Champier, ebenfalls durch Bomben zerstört.

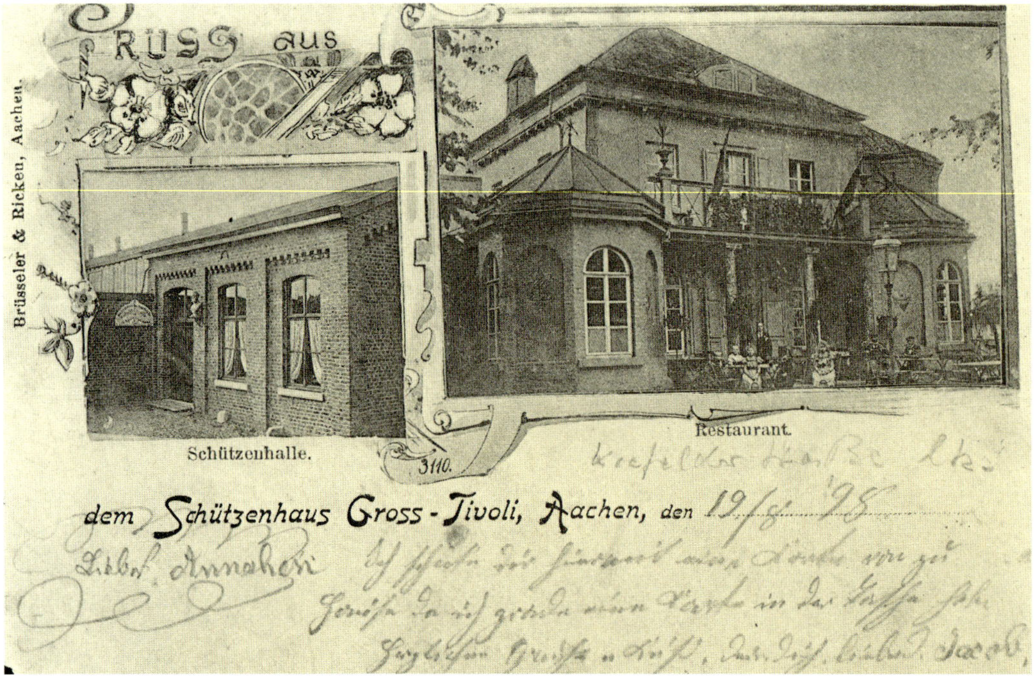

Ein weiteres Restaurant steht etwas zurückgebaut an der Krefelder Straße. Es überstand den Krieg und wurde in den ersten Jahren danach von jungen Leuten zu Tanzvergnügungen aufgesucht. Besonders beliebt waren die „Sommernachtsbälle“.

Die Restauration „Zum Feldchen“ bemühte sich früher an der Ecke Krefelder Straße und Goebbelgasse um die Gunst der Ausflügler.

Tausende sahen das erste Reit-, Spring- und Fahrturnier vom 1. bis 4. August 1925 in Aachen. Hier eine Ansichtskarte vom Turnierplatz in der Soers: „Aufmarsch der Nationen“.

Nach dem Abstecher in die Soers kehren wir zur Kreuzung Ludwigsallee und Monheimsallee zurück. Von dort ein Blick über die Stadt.

Das beliebte Café-Restaurant „Bastei“ an der Ecke Krefelder Straße und Ludwigsallee wurde mittlerweile zum ebenso bekannten Nachtlokal.

Eine alte Ansichtskarte von der Ludwigsallee in der Nähe des Ehrenmals.

Unterhalb des Ehrenmals liegt der Veltmanplatz, der früher, auch schon mit Weiher und Grünanlagen, Ludwigsplatz hieß. In der Bildmitte die Kreuzkirche.

Das ist die Vorderansicht der Marienburg (Ehrenmal) an der Ludwigsallee. Die Karte wurde vor 1900 gedruckt.

Die Marienburg (oder Marienturm) wurde 1932 in das Ehrenmal für die Gefallenen umgewandelt. Im Jahre 1513 entstand die Marienburg als Teil der äußeren Stadtmauer.

Gegenüber der Gedenkstätte führt die Kupferstraße zum Lousberg.

Hier mündet die Theresienstraße in die Kupferstraße. Beide Straßen wurden 1876 so benannt; zu dieser Zeit legte man auch die Theresienstraße an.

Rechts vom Lousberg erhebt sich der 234 Meter hohe Salvatorberg mit der weit sichtbaren gleichnamigen Kirche. Sie wurde ursprünglich von Ludwig dem Frommen gestiftet, verfiel jedoch kurze Zeit später. Im letzten Drittel des 19. Jahrhunderts wurde sie nach dem alten Grundriß und den alten Stilformen neu aufgebaut und eingeweiht.

Gesäumt von mächtigen Bäumen führt diese Allee um den Lousberg herum.

Am Südostrand des 265 Meter hohen Lousbergs steht der Kersten'sche Pavillon, eine Nachbildung des Couven'schen Gartenhauses.

Ganz in der Nähe das „Belvedere". Von dem Gartenrestaurant ist inzwischen keine Spur mehr zu sehen.

Im Garten des „Belvedere“ konnte man sein Bier unter schattigen Bäumen trinken . . .

Lousberg-Restaurant.
Telephon 376 **Strassenbahnverbindung.**
Beliebtester Ausflug und Aufenthalt der Fremden.
Schönste Aussicht auf Aachen und Umgebung.
Von Morgens früh an vorzüglicher Kaffe. Gute Küche.
Dîners und Soupers à part, für Abends reichhaltige Speisekarte.
Reine Weine, Dortmunder Union u. Münchener Biere,
täglich frische Bowle. Grosse und kleine separirte Säle.
Zimmer mit Pension.
Bei Bestellungen für Familien und Gesellschaften bitte man sich des Telephons zu bedienen.
Jos. Schenk.

. . . und ein Stück weiter, auf derselben Terrasse, standen die französischen Festungsgeschütze, die Kaiser Wilhelm II. der Karls-Schützen-Gilde geschenkt hatte.

Oberhalb des „Belvedere“ ragt der 1804 errichtete Obelisk in den Himmel. Damals gab es auf dem Plateau ein Erfrischungshäuschen, heute steht auf dieser Höhe der Wasserturm mit dem Drehturm-Restaurant.

Auf dem Rückweg zur Stadt über die südliche Fahrstraße sah man den „Historischen Tempel“. Die Ansichtskarte kam am 30. Juni 1911 unter den Poststempel.

Die Südseite des Lousbergs liegt so sonnig, daß man die dort verlaufende Straße 1894 Nizzaallee genannt hat. Wie in Nizza auch hier vornehme Villen entlang der Straße. Das abgebildete Gebäude beherbergt heute den Verein Deutscher Studenten.

Die Nizzaallee mit dem damaligen Palais Ihrer Königlichen Hoheit, Prinzessin Louise von Belgien.

Die Nizzaallee Ecke Försterstraße; eine Karte, die 1907 verschickt wurde.

Hier mündet die Nizzaallee in die Rütscher Straße. Die Ansichtskarte ist 1911 geschrieben worden.

Durch die Rütscher Straße erreichen Sie die Lousbergstraße . . .

. . . und von dort kommen Sie wieder zur Ludwigsallee. An der Ecke das Hotel „Zu den drei Türmchen“.

Das Ponttor, eine Torburg mit Vorwerk, errichtet um 1320, hat seinen mittelalterlichen Charakter bewahrt. Es gehörte zur äußeren Stadtbefestigung und war eines der größten elf äußeren Stadttore. Der Bau der gesamten Befestigungsmauer dauerte hundert Jahre, von 1257 bis 1357. Das Ponttor, hier eine Steinzeichnung, ist zu Beginn unseres Jahrhunderts und dann noch einmal nach dem letzten Krieg gründlich restauriert worden.

Der breite Pontwall und die Umgebung des Ponttors: Eine Ansichtskarte von 1928.

Die Aachener Kleinbahn hielt früher an der Haltestelle Ponttor. Im Hintergrund guckt die Kreuzkirche hervor.

Das ist der Ponttor-Durchgang in Richtung Roermonder Straße . . .

. . . und in umgekehrter Richtung, zur Pontstraße. Der innere Teil der Torburg läßt ahnen, wie solide im Mittelalter gebaut wurde. Das Mauerwerk aus großen Quadern von Kalksandstein mußte schließlich allen Angriffen standhalten.

Die heute so verkehrsreiche Saarstraße war früher eine ruhige Nebenstraße. Im Hintergrund das Ponttor.

Sie schauen jetzt in die Pontstraße. Viele dieser alten Häuser sind im historischen Stil erneuert worden.

Neugierig schauten die Kinder den Photographen an, der dieses Bild (vor 1905) von der Ecke Marienbongard an der Pontstraße gemacht hat.

Das Konzerthaus „Zum Himmel" an der Pontstraße war allen Aachenern in den 20er und 30er Jahren ein Begriff. Da es dort aber nicht immer so brav zuging, wie der Name eigentlich vermuten läßt, besuchten es vor allem die „Nachtschwärmer".

Bei der Heilig-Kreuz-Kirche an der oberen Pontstraße handelt es sich um einen neogotischen Bau. Nachdem 1897 der Grundstein dazu gelegt war, gingen die Arbeiten zügig voran. Fünf Jahre später war die Kirche fertig. Professor Buchkremer hat die Pläne dafür entworfen.

Im Haus Bergdriesch Nr. 3 wurde vor dem Ersten Weltkrieg noch Bier aus der Brauerei der Ww. Carl Beckers gezapft. Den seit 1698 bestehenden Restaurationsbetrieb übernahm in den zwanziger Jahren die Familie Ramrath. Die Gaststätte „Am Knipp“ ist heute eines der bekanntesten und beliebtesten Alt-Aachener Restaurants. Abgebildet ist noch das Haus, so wie es bis zur Zerstörung im Zweiten Weltkrieg aussah.

Einige schmale Giebelhäuser, die den Krieg überdauert haben, geben dem Bergdriesch historischen Akzent. Sonst ist zwischen Heilig-Kreuz-Kirche, dem Forschungsinstitut für Rationalisierung und Arbeitswissenschaft bis hinunter zum Gymnasium St. Ursula am Bergdriesch viel neu gebaut worden. – Driesch bedeutet unbebauter, ungepflügter Platz.

St. Ursula

Realgymnasiale Studienanstalt, Lyzeum und Pensionat.

Die Anstalt wird geleitet von Ursulinen aus dem Mutterhause Calvarienberg bei Ahrweiler. Die 1848 gegründete, durch den Kulturkampf aufgehobene Niederlassung wurde 1891 wieder eröffnet in den jetzigen Gebäuden Bergdrisch 36. Die Schule umfaßt 21 Klassen mit 600 bis 700 Schülerinnen.

St. Ursula am Bergdriesch und eine alte Beschreibung der Schule.

Hinter dem Bergdriesch liegt die Martinstraße mit der Städtischen Gewerbeschule. Die Straße wurde 1886 nach dem ehemaligen St.-Martin-Spital benannt, das früher in der Nähe der Hotmannspief stand.

Das ist die Nadelfabrik Lammertz, Ecke Bergstraße und Achterstraße; im Vordergrund stand früher die kleine Rochuskapelle.

Um den Rundgang fortzusetzen, gehen Sie bitte ins Hochschulviertel.

Ein süßer Gruß aus Aachen und gleichzeitig eine gute Reklame für die weltbekannten Aachener Printen. Der Poststempel der Karte: Nikolaustag 1898.

Im Dreiländereck hat man schon immer gerne und gut gespeist. Deshalb zog es sicherlich die Kochkünstler nach Aachen, die sich bei einer internationalen Ausstellung, die 1912 in Neubauten am Ponttor stattfand, in die Töpfe gucken ließen.

Nach langen Beratungen wurde 1853 dort, wo heute die Schinkelstraße endet, der Bahnhof Templerbend errichtet. Eine Aufnahme, die alle Eisenbahnfreunde begeistert.

Die Technische Hochschule dehnte sich nach 1870 mit ihren Instituten und Gebäuden immer weiter aus. Anfang dieses Jahrhunderts wurde deshalb der Bahnhof Templerbend abgerissen und im Oktober 1910 der neue Bahnhof Aachen-West in Betrieb genommen.

Hier befinden Sie sich an der großen Kreuzung Turmstraße, Pontwall und Wüllnerstraße. Links das Eisenhütteninstitut. Die Intzestraße (Mitte) führt zum Westbahnhof. Heute gelangt man durch eine Unterführung auf die andere Straßenseite.

Vor dem Westbahnhof fuhr gerade die Straßenbahn ab, als der Photograph auf den Auslöser drückte. Die Aufnahme wurde 1914 verschickt.

Fremde, die am Westbahnhof in der Kaiserstadt eintrafen, brauchten nicht lange nach einem Quartier zu suchen. Gleich gegenüber, im „Westfälischen Hof" – Süsterfeld 22, heute Republikplatz –, vermietete man Zimmer. Auf der Karte wirbt man außerdem: On parle français.

Ende der zwanziger Jahre war der Bendplatz „Rheinlands größter Kirmesplatz". Der „Oecher Bend" zieht auch heute mit seinen vielen Fahrgeschäften und Buden jährlich Tausende Besucher an. Die Karte ist am 18. August 1929 abgestempelt worden.

Das Hauptgebäude der Technischen Hochschule, entworfen von dem preußischen Regierungsbaumeister Robert Cremer. Im Hintergrund die weiße Säule mit der Büste von Prof. Intze, der durch seine Talsperrenbauten bekannt wurde und an der TH lehrte.

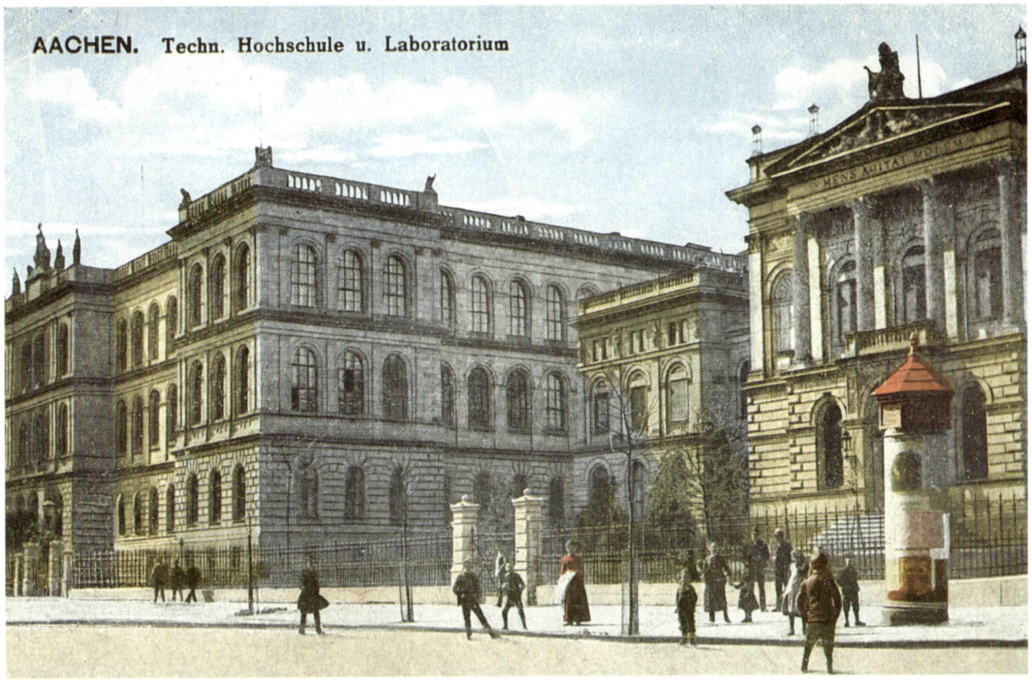

Das Laboratorium, rechts vom Hauptgebäude am Templergraben, zerstörten die Bomben des letzten Krieges.

Das Bergbau-Institut an der Wüllnerstraße . . .

. . . und das Reiffmuseum an der Schinkelstraße. Der Wechsel der Baustile im Laufe der Hochschulentwicklung ist offensichtlich. Verglichen mit dem reich gegliederten Hauptbau der TH (Grundsteinlegung 1865) wirkt das um 1908 vollendete Reiffmuseum schlichter.

Die Turnhalle der Königlich-Technischen Hochschule an der Schinkelstraße, auch Talbothalle genannt, diente nach dem Zweiten Weltkrieg im zerstörten Aachen als einer der wenigen verbliebenen Versammlungsräume; auch städtische Konzerte gab man dort. Wenige Jahre später mußte sie einem größeren Neubau Platz machen.

Der Templergraben wird seit 1850 so bezeichnet. Um 1650 sagte man „Tempelter Hoffs Graff“, 1777 „Tempelterhofgrab“ und 1824 „Tempelgraben“. „Templer“ sollen in Aachen die Ordensritter genannt worden sein. Ihnen gehörte Wiesenland vor dem Mauerring, der sich rings um die Stadt zog. Die Aufnahme wurde gegenüber dem früheren Laboratorium der TH gemacht.

Noch einmal der Templergraben: 1870 eröffneten die „Rheinisch-Westfälischen polytechnischen Schulen“ ihren Lehrbetrieb. 1880 erhielten sie ihr Verfassungsstatut als „Technische Hochschule“.

Jetzt können Sie den Blick über das gesamte Westviertel schweifen lassen. Die Gesamtansicht zeigt die Jakobskirche, die unbebaute Mauerstraße (vorn) und die Tuchfabrik des Fabrikanten Lochner (Mitte links), der auch die Straße anlegen ließ, die 1877 nach ihm benannt wurde. Die Karte wurde am 28. August 1916 zur Post gegeben.

Bei klarem Wetter kann man die Aussicht vom Pulverturm genießen. Der „Lange Turm" – wie das Wahrzeichen der Stadt oft genannt wird – ist um die Mitte des 14. Jahrhunderts entstanden und gehörte zur äußeren Stadtbefestigung. Im Hintergrund die Pfarrkirche St. Jakob.

Folgt man der Verlängerung der Turmstraße bis zur Junkerstraße, dann lag rechts der „Zoologische Garten", heute Westpark. Die große Halle (am linken Bildrand) war früher ein beliebtes Ausflugsziel. In der Halle traten bekannte Bühnenkünstler auf.

Wenn Sie von der Junkerstraße nach links in die Vaalser Straße abbiegen, erreichen Sie bald den Vorplatz der Jakobskirche. Die von der Familie Beissel gestiftete Passionsgruppe haben die beiden Künstler W. Pohl und C. Esser 1893 geschaffen.

Links davon die Jakobskirche, in den achtziger Jahren des vorigen Jahrhunderts im neoromanischen Stil neu aufgebaut. An ihrem 97 Meter hohen Turm, dem höchsten von Aachen, kann man sich von vielen Punkten rund um die Stadt gut orientieren. Früher soll an dieser Stelle die Jagdkapelle Karls des Großen gestanden haben.

Eine alte Ansichtskarte vom Hauptportal der Jakobskirche.

Den besten Überblick über die Kirche haben Sie von der Gerlachstraße. Die 1886 bebaute Straße trägt den Namen eines Einsiedlers, der dort gewohnt haben soll.

Eine Ansichtskarte der oberen Jakobstraße mit der Pfarrkirche St. Jakob. Ein Bild, welches vor dem Ersten Weltkrieg aufgenommen wurde.

Nöldemädchere.

Us Jokebstross en va gen Ruhs
Sönt hei die Nöldemädchere,
Sönt ömmer nett, adrett en luhs
En nühs vör Wenkkadettchere.

Am Lavenstein mündet die Hubertusstraße (rechts) in den Platz. Sie wurde 1874 angelegt und nach dem hl. Hubertus benannt, der in der Jakobskirche sehr verehrt wird.

Zum Lavenstein am Boxgraben gehört der kleine Turm, der beim Bau der großen Stadtmauer im 13. und 14. Jahrhundert entstand. Eine Ansichtskarte vom 14. Februar 1899.

Bei der Kirmes im Rosviertel versammeln sich jedes Jahr aufs neue die Aachener am Roskapellchen, denn das Streuengelchen schüttet dort seine Gaben für die Kinder aus. Der Traditionsverein „Streuengelchen“ wurde 1705 gegründet.

Über den Boxgraben erreichen Sie den Hubertusplatz. Früher stand dort das Rostor. Der Platz ist nach dem in St. Jakob verehrten ersten Bischof von Lüttich (gestorben 727) benannt.

Am Boxgraben befindet sich das Luisenhospital. Nach dem Krieg wurde das 1874 eingeweihte Krankenhaus nach und nach völlig neu aufgebaut und verfügt jetzt über modernste technische Apparaturen.

Am Boxgraben, Ecke Hubertusplatz, wurde 1891 die Webeschule errichtet. Heute gehört das Gebäude zur Fachhochschule Aachen.

Ein Blick in den Boxgraben in der Nähe des alten Polizeipräsidiums. Seit 1864 trägt die Straße ihren jetzigen Namen. Schon vorher hieß sie „An Bocksgraff" nach der Aachener Patrizierfamilie Buck. Die Tram mit Anhänger ist auf der alten Ansichtskarte von 1907 das einzige Fahrzeug an der heute so belebten Kreuzung.

Seit 1910 residierte der Polizeipräsident im alten Präsidium. Vor einigen Jahren ist die Polizei zur Krefelder Straße umgezogen. Das neubarocke Gebäude wurde zum Teil eingemottet.

Rechts vom Boxgraben liegt die Mozartstraße. Die abgebildeten Häuser dienten während der Besatzungszeit nach dem Ersten Weltkrieg den belgischen Offizieren als Wohnung.

In der Mozartstraße steht auch das Priesterseminar, das 1936 fertiggestellt wurde.

An der alten Villa Delius an der Friedlandstraße holten die Belgier ihre Fahne am 30. November 1929 ein. Die Besatzung rückte über den Grenzübergang „Köpfchen“ in ihre Heimat ab.

Von der Mozartstraße gelangen Sie durch die Eisenbahn-Unterführung in das Südviertel Aachens.

Unmittelbar hinter der Eisenbahnbrücke liegt das Gebäude der Maschinenbauschule, Ecke Habsburgerallee und Goethestraße. Das Haus gehört heute zur Fachhochschule Aachen, unter anderem wird dort Maschinenbau gelehrt.

Auch die Bergbauschule an der Goethestraße gehört zur Fachhochschule. Der AStA hat sich dort niedergelassen.

Die Maria-Theresia-Allee zählte früher zur Kamper Straße. Erst 1906 erhielt die Straße ab Habsburgerallee ihren jetzigen Namen. Die Ansichtskarte ging am 11. Mai 1915 ins Feld.

Seit 1890 stand das Gregoriushaus an der Eynattener Straße (rechts von der Kamper Straße). Die Kirchenmusikschule wirkte über die Grenzen Deutschlands hinaus.
Das Haus wurde im Krieg zerstört.

Wieder auf der Goethestraße, sehen Sie die alten Gebäude des Elisabeth-Krankenhauses. Vorne links das Pförtnerhaus, das jetzt unter Denkmalschutz steht und beim Abriß der alten „Klinischen Anstalten“, der früheren Städtischen Krankenanstalten, verschont blieb.

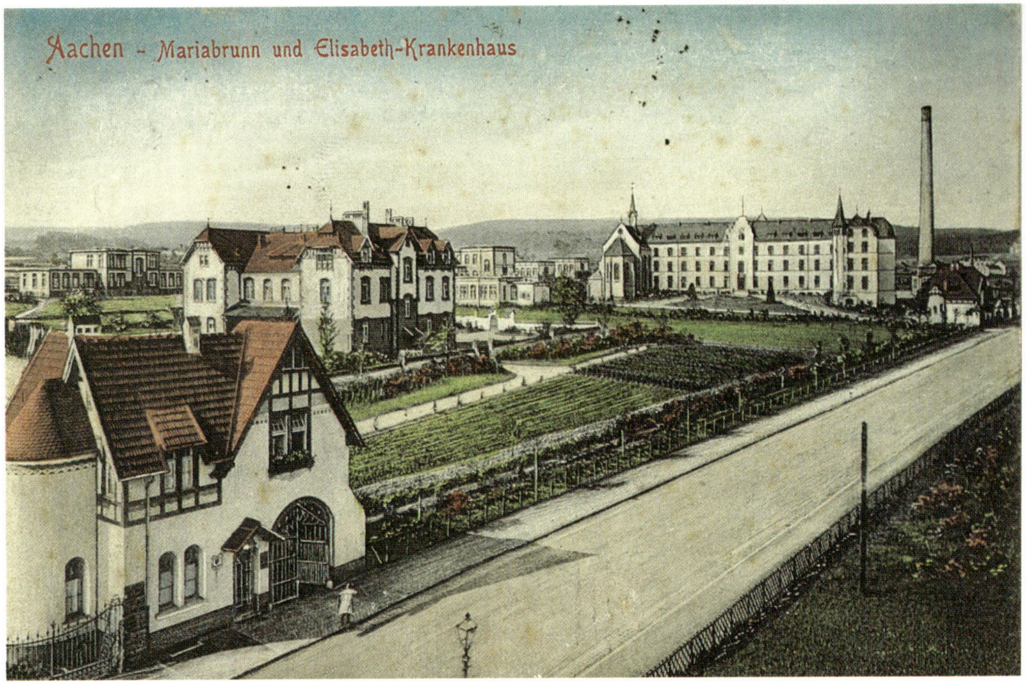

Das Josephinum gehörte zu den Gebäuden der „Klinischen Anstalten“ an der Goethestraße. So ländlich sah es hier noch 1919 aus.

Am Ende der Goethestraße liegt der Hangeweiher. Die Herren mit Strohhut ruderten ihre Damen über den Kahnweiher.

Hinter dem Hangeweiher verläuft die Kaiser-Friedrich-Allee. Die abgebildete Brunnenanlage stand vorher am Hauptbahnhof.

Zwischen Hangeweiher und Klemensstraße stand früher die Spinnerei Weiße Mühle, die der im Vordergrund abgebildete Fabrikant Brockhans betrieb. Bei der Umgestaltung des Gebietes wurde die alte Mühle abgerissen.

Am Barbarossaplatz erhebt sich die Heilig-Geist-Kirche. Die neuzeitlichere Kirche, die nach Plänen von Professor Bongartz erbaut wurde, ist 1930 eingeweiht worden.

Die Körnerstraße führt Sie auf Ihrem Rundgang zur Lütticher Straße. Das Sanatorium an der Lütticher Straße dient heute als Schwesternhaus des St.-Franziskus-Krankenhauses. Das Gebäude ist mehrmals umgebaut worden.

Hier eine Häuserzeile an der Klemensstraße, Ecke Lütticher Straße. Die Karte wurde am 27. August 1913 abgesandt.

Das Montanenhaus an der Lütticher Straße, Ecke Hasselholzer Weg, ist ein altes Verbindungshaus der Studenten. Ein „Montanenfuchs“ schrieb die Karte am 13. November 1914: „Aus dem fidelen Aachen sende ich recht herzliche Grüße. Schon zwei Wochen lang schiebe ich tapfer zum Kolleg. Als jüngster Montanenfuchs werde ich von den alten Herren und von den Bundesbrüdern ganz verwöhnt . . .“ Kommentar: Er fühlte sich in Aachen wohl!

So beschaulich sah es in der Lütticher Straße vor dem Ersten Weltkrieg aus.

Über Schanz und Boxgraben wandern Sie zur Friedlandstraße: Hinter den Grünanlagen, wo früher die Villa Delius stand, ist heute in einem Neubau der Sitz des Bischofs.

Diese Aufnahme vom unteren Boxgraben wurde an der großen Kreuzung beim alten Polizeipräsidium gemacht. 1909 bot die schöne Häuserzeile aus Wilhelminischer Zeit noch einen repräsentativen Anblick.

Das wuchtige Marschiertor, hier eine Steinzeichnung auf einer Ansichtskarte aus den zwanziger Jahren, war eines der Haupttore der äußeren Stadtbefestigung im Süden der Stadt. Es steht am Ende der Franzstraße.

Diese Karte, geschrieben am 2. März 1903, zeigt das Marschiertor noch ohne das kleine Türmchen auf dem Dachfirst.

Durch den Mitteltrakt führt der Torweg zur Franzstraße.

Um 1300 wurde die starke Befestigungsanlage errichtet. Ganz in der Nähe verlief die Grenze zur Abtei Burtscheid. Von der Burtscheider Straße sieht man auf die Außenseite des Tores.

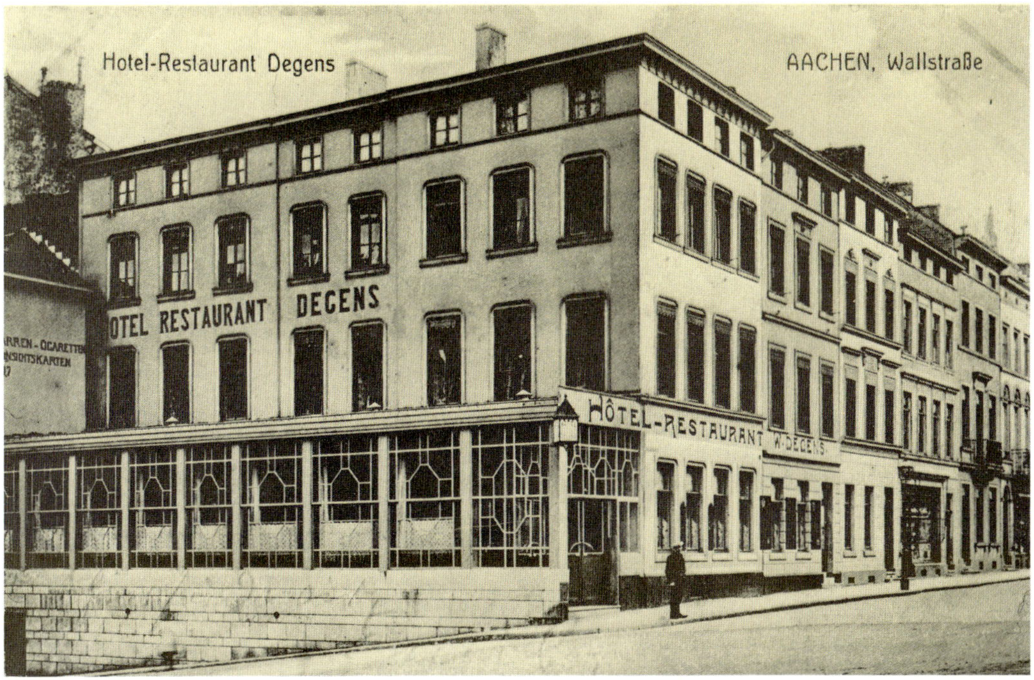

Die Wallstraße führte am Graben der äußeren Stadtbefestigung vorbei. Im früheren Hotel Degens rechts neben dem Marschiertor befindet sich heute das Hotel „Am Marschiertor", bis 1980 Hotel Hospiz genannt.

Vom Marschiertor steigt die Burtscheider Straße über die Bahnbrücke zum Krugenofen hoch. Hier ein Blick in die Burtscheider Straße: Links das Bahnpostamt, im Hintergrund die Überführung über den Schienenstrang der Eisenbahn.

Links der Burtscheider Straße zweigt die Kasinostraße ab, die seit 1857 so benannt ist, weil sie damals am Burtscheider Kasino vorbeiführte.

Der Name Kruchenofen taucht schon 1457 auf. Der heutige Krugenofen wird vermutlich so bezeichnet, weil in der Umgebung des Marschiertores mehrere Töpferöfen standen, in denen das Aachener Steinzeug gebrannt wurde.

Kaiser Franz I. von Österreich hat während des Aachener Monarchenkongresses 1818 in der Franzstraße gewohnt, die ein Teil der ehemaligen Marschiertorstraße ist. Die Karte zeigt die obere Franzstraße mit der Seite des Marschiertores, die der Stadt zugewandt ist.

Dieses letzte Stufengiebelhaus hat den Krieg nicht heil überstanden. Die Schenkwirtschaft „Alt Aachen“, Ecke Borngasse und Franzstraße, wurde zerstört.

Schlendert man durch das Marschiertor, zeigt sich die obere Franzstraße von ihrer besten Seite. Hier gleich zwei Ansichten der Städtischen Mädchenschule St. Leonhard. Dieser Teil der Straße hieß in früheren Zeiten Kriechelberg. Hier fand man vor einigen Jahren bei Ausschachtungsarbeiten Aachener Steinzeug. Der Fund beweist, daß in der Nähe des Marschiertores Töpfer ihr Handwerk betrieben. Später wurden sie aus der Stadt verbannt. Vermutlich war die Feuergefährlichkeit ihrer Öfen schuld daran. Die Töpferöfen wurden mit Holz bis zu 1200 Grad erhitzt.

Diese kolorierte Karte stammt aus dem Jahr 1908.

Jetzt noch einmal eine Gesamtansicht der Innenstadt vom Marschiertor aus: Die Franzstraße, links, schlängelt sich bis zur Stadtmitte.

In die Franzstraße mündet die Karmeliterstraße, benannt nach dem bekannten Orden, der ganz in der Nähe ein Kloster gründete. Im Hintergrund ragt der Turm der alten Marienkirche auf.

Eine Ansichtskarte vom Kriegerdenkmal vor dem Rheinischen Bahnhof (heute steht dort der Hauptbahnhof) aus den frühen Tagen der Ansichtskarte: Der Poststempel stammt vom 15. Juni 1902.

Diese Karte wurde am 2. Oktober 1903 geschrieben. Sie zeigt den provisorischen Bahnhof, mit dem die Aachener sich lange Zeit begnügen mußten.

Am 21. Dezember 1905 war die Zeit der Provisorien dann endlich vorbei. Der neue Bahnhof, der an der Stelle des Rheinischen Bahnhofs entstand, war nach achtjähriger Bauzeit fertig.

Als nächstes wurden die Arbeiten auf dem Vorplatz des Hauptbahnhofs in Angriff genommen, Bäume und Blumen gepflanzt. Einen Blickfang boten das Kriegerdenkmal und die Brunnenanlage, die später in der Kaiser-Friedrich-Allee aufgestellt wurde. Rechts steht auch schon das Hauptzollamt. Oben ist eine Stempelmarke dieser Behörde abgebildet.

Eine der ersten Aufnahmen des neuen Bahnhofs von der Hackländerstraße aus.

Jetzt schauen Sie in die große Bahnhofshalle. An den Schaltern wurden die Billetts für die I. bis IV. Klasse verkauft. Für die Fahrgäste der einzelnen Klassen gab es verschiedene Wartesäle.

An der Stelle des Hotels „Rheinischer Hof" an der Lagerhausstraße, Ecke Bahnhofplatz, hat heute der Aachener Verkehrsverein ein Büro eingerichtet.

CENTRAL-HOTEL
Bes.: Andreas Michels
BAD AACHEN
Gegenüber dem Hauptbahnhofe - Bahnhofsplatz Nr. 5/6
Fließendes Wasser — Warmwasserheizung
HAUS FÜR KAUFLEUTE
Bäder / Garage — Gesellschaftszimmer
Feinbürgerliches Bier- und Weinrestaurant
Fernruf Nr. 24293

Der „Rheinische Hof" war nicht ohne Konkurrenz. Das „Central-Hotel" am Bahnhofplatz/Ecke Mittelstraße (heute Leydelstraße) warb auch um die Gunst der Gäste.

Auf dem Bahnhofplatz warteten die Droschkenkutscher. Heute steht auf ihrem Halteplatz das Hochhaus der Stadtverwaltung.

Die Pfarrkirche St. Maria an der Mittelstraße (heute Leydelstraße), ein Prachtbau im neogotischen Stil aus den sechziger Jahren des letzten Jahrhunderts, mußte vor ein paar Jahren wegen zahlreicher Kriegsschäden einem Neubau weichen. Geschrieben wurde diese Karte am 11. Februar 1907.

So sah die Bahnhofstraße vor dem Bombenhagel des Zweiten Weltkriegs aus. Heute quält sich der rege Verkehr durch die enge Straße, in der nun viele Neubauten stehen. Der Poststempel dieser Karte trägt das Datum 30. November 1908.

Die Bahnhofstraße und Römerstraße treffen auf dem Bahnhofsvorplatz zusammen. Zwischen diesen beiden Einmündungen lag „Hoyers Union-Hotel". Inzwischen haben sich an dieser Ecke in einem Neubau verschiedene Einzelhandelsgeschäfte etabliert.

Das Hotel „International" an der Römerstraße 11–13 gibt es nicht mehr. Das hübsche Haus im Jugendstil ist im letzten Krieg beschädigt worden.

Der Baustil der Neuzeit fand in Aachen anfangs wenig Zustimmung. Aber das erste Hochhaus, das Verwaltungsgebäude der Stadt am Hauptbahnhof, war eine Sensation. Hier ein Blick in die Hackländerstraße, die 1906 nach dem in Burtscheid geborenen Schriftsteller Wilhelm Hackländer (1816–1877) benannt wurde.

Eine schöne alte „Gruß aus . . .“-Ansichtskarte mit drei Burtscheider Motiven grüßt den Empfänger dieser Lithographie, die am 1. September 1904 abgestempelt wurde.

Sie spazieren jetzt vom Hauptbahnhof aus durch die Hackländer- und Dunantstraße bis zur Ecke Kurbrunnenstraße. An der Normaluhr trafen sich die Junioren mit ihrem Pedalo, man wartete am Straßenrand auf die Tram und tauschte die Neuigkeiten aus. Das Leben war weniger hektisch als heute und spielte sich zu einem großen Teil auf der Straße ab.

Die Häuserzeile an der rechten Seite der Kurbrunnenstraße mit dem Hotel „Münchener Hof“ wurde zerstört.

Eine Ansichtskarte des Viadukts an der Kurbrunnenstraße: Gerade dampft eine Lok vorüber. Als bequemes und billiges Fortbewegungsmittel diente die elektrische Kleinbahn (Hintergrund). Mit Pferd und Wagen transportierten die Händler ihre Waren.

Der Weg führt Sie weiter nach Burtscheid hinein. Die Aufnahme von der Jäger- und Kurbrunnenstraße zeigt rechts das „Restaurant zur alten Stadt Burtscheid“ und in der Bildmitte das Eckhaus „Restaurant zum Viaduct“.

Eine kolorierte Ansichtskarte von Burtscheid, die vor 1905 herausgegeben wurde. Die Abteistadt Burtscheid gehört seit 1897 zu Aachen.

Die Straße „Im Gillesbachtal“ erreicht man von der Friedrich-Ebert-Allee aus. Am 30. Juli 1930 wurde diese Karte abgeschickt. Die Hausbesitzer an der Straße waren zu jener Zeit noch nicht lange im eigenen Heim.

Jetzt fängt das Kurviertel an. Damals ging es auch hier noch ruhiger zu. Im Hintergrund guckt die hohe Turmhaube der St.-Michaels-Kirche hervor.

Auf der Ansichtskarte sieht man rechts den Eingang zum Kurhausgarten. Links fährt die Kleinbahn in Richtung Normaluhr.

Wärter sorgten in den gepflegten Anlagen für Ordnung. Während der Saison fanden hier die beliebten Kurkonzerte statt. Die obere Karte wurde 1907, die untere 1913 verschickt.

Auch diese beiden Karten stammen aus der Zeit vor dem Ersten Weltkrieg. Das Kurhaus, mitten im Kurgarten, wurde am 19. Mai 1889 feierlich eröffnet. Wer es sich leisten konnte, kam hierher zur Kur. Burtscheid hatte 1908 ebenso viele Badegäste wie die Thermalbäder in Aachen.

Auf der Rückseite einer anderen alten Karte befindet sich diese Beschreibung des Burtscheider Kurhauses und der Bäder.

Burtscheid-Kurhaus.

Das Kurhaus i Burtscheid wurde nach Plänen des Architekten Linse in angenehmen Formen der italienischen Frührenaissance erbaut und enthält herrliche Restaurations- und Conversationsräume, und einen 308 □m grossen Tanzsaal. Eine prächtige Marmortreppe erhöht den eleganten Gesamt-Eindruck. Umgeben ist das Kurhaus von einem herrlichen Park, (Kurgarten) worin in der Saison die Concerte stattfinden. Hier befindet sich auch der Viktoriabrunnen. Die Burtscheider Bäder haben seit langer Zeit einen guten Ruf. Die Burtscheider Thermalwasser sind fast von der gleichen Mischung wie die Aachener. Dem vor dem nahegelegenen Neubad liegenden offenen Kochbrunnen von 56° R. entsteigen beständig aufbrodelnde Gase, welcher Vorgang die Aufmerksamkeit aller Fremden auf sich lenkt.

Das Karlsbad öffnete den Badegästen bereits im Mai 1848 seine Pforten. Es stand direkt neben dem Burtscheider Kurhaus.

Hotel „Karlsbad“

Telef. 3618 AACHEN-BURTSCHEID Telef. 3618

FRAU Wwe. ERNST NELLGEN

Thermalbäder und Duschen, eigene Quellen, vorzüglich geeignet gegen Rheuma, Gicht und Ischias / Haus vollständig neu renoviert / Fließendes Wasser (kalt und warm), elektrisches Licht, Zentralheizung, Personenaufzug / Autogarage

Eine alte Reklame des Hotels „Karlsbad“; die Badegäste kurierten in den heißen Quellen Rheuma, Gicht und Ischias.

H. Weber's Grand Hotel
Rosenbad
BURTSCHEID-AACHEN
dem Kurhaus gegenüber.

Dies erstklassige Haus existirt bereits 120 Jahre und ist gänzlich renovirt und mit neuer Einrichtung versehen worden. Die günstige Lage und vornehme Ausstattuug machen das Hôtel zu einem äusserst angenehmen Aufenthalt für Kurgäste. Das Hôtel hat 120 Zimmer moderner Einrichtung und sind die Preise äusserst mässig. Volle Pension von 6 Mark an, je nach Lage und Grösse des Zimmers. Die Mineralquellen befinden sich im Hôtel; neue Marmorbäder, Thermalwasser-Douchen, Dampfbäder, kalte Douchen stehen zur Verfügung.

Da das Hôtel durchweg gleichmässig erwärmt ist, so eignet es sich ganz besonders zu Winterkuren.

Wagen, Post- und Telegraphen-Bureau im Hôtel.

GROSSER PRIVAT-GARTEN.

Besitzer: **H. Weber, Rosenbad, Burtscheid.**

Noch früher als das Karlsbad wurde das Rosenbad gebaut. Es entstand im ersten Drittel des 19. Jahrhunderts. Die beiden heißen Quellen des Bades erreichten eine Temperatur von 64 und 66 Grad. Das Haus fiel wie alle anderen Häuser auf der linken Seite der Dammstraße den Bomben und der Spitzhacke zum Opfer.

Auch im Winter lief der Kurbetrieb weiter. Selbst in der kalten Jahreszeit wollte man auf die Badegäste nicht verzichten.

Das Krebsbad, ebenfalls Anfang des 19. Jahrhunderts errichtet, stand an der Dammstraße. Diese Straße ist nach dem Damm benannt, der dort den warmen und den kalten Bach voneinander trennt. Um 1820 hat man die Bäche überwölbt.

Aachen-Burtscheid — Markt mit Einblick in die Dammstrasse

Einen guten Einblick in die schmale Dammstraße haben Sie vom Burtscheider Markt . . .

Hier steigen Sie zum Michaelsberg hinauf. Die Pfarrkirche St. Michael hat Baumeister Klausener nach Plänen von Johann Josef Couven gebaut. Der neue Turm, der auf der Ansichtskarte zu sehen ist, wurde erst 1892 aufgesetzt.

Im barocken Stil baute Couven 1730 die Kirche der ehemaligen Burtscheider Abtei, seit 1806 die Pfarrkirche St. Johann Baptist.

An der Michaelsbergstraße steht das Kloster der Schwestern vom armen Kinde Jesu. Heute beherbergt das Haus die Berufsfachschule vom armen Kinde Jesu und die Clara-Fey-Schule, eine Fachschule für Sozialpädagogik.

Die Kapelle des Klosters der Schwestern vom armen Kinde Jesu gehörte damals als Nebenkirche zur Pfarrkirche St. Michael.

Ihr Weg führt Sie in den ursprünglichen Kern Burtscheids zurück. Der Aachener Chronist Christian Quix hält die Hauptstraße für die älteste gepflasterte Straße des ehemaligen Städtchens. Sie steigt vom Markt an bis zur Kreuzung Krugenofen-Kasinostraße-Burtscheider Straße. 1491 wird die Straße als Steinweg in einer Urkunde schon erwähnt. Im Zweiten Weltkrieg wurde die historische Bausubstanz völlig zerstört.

Zwei Ansichten der Hauptstraße: Hinunter vom Krugenofen mit St. Johann im Hintergrund (obere Karte) und hinauf vom Burtscheider Markt (untere Karte).

Das kleine alte Haus in der Bildmitte ist das frühere Burtscheider Rathaus. Später hat man das Haus mit einem Neubau verbunden, und dann diente es den Kurgästen. Das alte Rathaus ist den Burtscheidern erhalten geblieben. Jetzt ist daraus ein „Haus der Begegnung“ geworden.

Hôtel und Badehaus

„Neubad“ Aachen-Burtscheid

Inh.: **Ww. Aloys Willekens.**

Direct am Kochbrunnen gelegen.

Quellen im Hause.

Haltestelle der Kleinbahn.

Pensionspreis pro Tag incl. Bad von 5 Mk. an.

Bekannt gute Küche.

Vorzügliche Douche und Dampfbäder.

Der Pensionspreis im „Neubad“ betrug inklusive Bad 5 Mark.

Diese Ansichtskarte vom Burtscheider Markt stempelte die Post am 18. Januar 1918 ab. Die kleine Brunnenanlage in der Straße stand vor dem Goldmühlenbad.

Diese drei Badehäuser am Burtscheider Markt zählten schon 1882 zu den dreizehn Bädern in Burtscheid, die insgesamt 1280 Gäste betreuten.

Die Feldpostkarte von 1915 zeigt das Schwertbad. Heute steht hinter dem neu errichteten Bad ein großer Neubau, der 1985 fertiggestellt wurde. Die Reklame Seite 206 läßt keinen Zweifel daran: Die Schwertbadquelle gehört mit über 75 Grad Celsius zu den heißesten Schwefelquellen Europas.

Die ehemalige Bürgermeisterei, die hinter dem Jonastor lag, findet man heute in Burtscheid nicht mehr. Das schmucke Gebäude, Teil des Abteikomplexes, wurde im letzten Krieg zerstört.

Zwischen Adlerberg und Altdorfstraße errichtete die Landesversicherungsanstalt Rheinland 1912 das Landesbad. Das Bad kostete dreieinhalb Millionen Goldmark.

Ein Blick in die Altdorfstraße, Ecke Burtscheider Markt.

Das ist die Rückfront des Landesbads. Die Ansichtskarte wurde kurz nach der Fertigstellung des Hauses gedruckt.

Von der Altdorfstraße sieht man das Jonastor, das frühere Klostertor der Abtei, und die Kirche St. Johann.

Eine Aufnahme vom Burtscheider Markt mit Jonastor und St. Johann . . .

. . . und von der Kapellenstraße mit Blick auf das Landesbad. Abgestempelt hat die Post diese Karte am 27. Mai 1929.

Werfen Sie einen Blick in die Abteistraße. Rechts der alte Teil des Marienhospitals.

Die Innenanlage des Marienhospitals, das im Frühjahr 1883 die ersten Patienten aufnahm. Das Krankenhaus entstand durch die Zusammenarbeit kirchlicher, karitativer und bürgerlicher Initiativen. Das Hospital hat mit der Wissenschaft Schritt gehalten.

Eine Ansicht der alten Burtscheider Marienkapelle um 1900. Im Hintergrund das Haus Eckenberg, von Jakob Couven 1788 gebaut. Es existiert heute auch nicht mehr.

An der neuen Marienkapelle, Ecke Berdoletstraße und Gregorstraße, geht der Rundgang durch die Stadt zu Ende.

Zum Schluß besuchen Sie die beliebten Lokale im Aachener Wald. Die meisten davon sind heute leider verfallen oder abgerissen.
Die beiden Ansichtskarten zeigen, wie die Aachener früher in den Wald kamen: Mit Kind und Kegel; die ganze Familie war beim Sonntagsausflug mit Pferd und Wagen dabei . . .

. . . oder man fuhr mit der elektrischen Kleinbahn ins Grüne.

Ausgangspunkt einer solchen Wanderung war häufig der Heißberg am Burtscheider Friedhof. Über die Robert-Schuman-Straße (früher Raerener Straße) kam man hinter der Siegelallee zum Kaffee-Restaurant „Forsthaus Siegel".

Das Städtische Wald-Restaurant, gebaut im 19. Jahrhundert, überstand den Zweiten Weltkrieg, wurde aber später abgerissen.

Beliebtes Ausflugsziel der Aachener ist bis heute das Restaurant „Burtscheider Heidchen“ am Bismarckturm.

RESTAURANT

Burtscheider Heidchen

und **Café Bismarckturm**

am Fuße des Bismarckturmes und Heldenfriedhofes. 2 Minuten vom Waldstadion.

Schattiger Garten Saal für Festlichkeiten

Genügen allen Ansprüchen

Im Sommer bleibt bei gutem Wetter in dem gemütlichen Gartencafé kaum ein Platz frei. Auf das Lokal stößt man bei einer Wanderung vom Siegeler Wald über den I. Rote-Haag-Weg an der Ecke Monschauer Straße.

Zur anderen Seite vom I. Rote-Haag-Weg liegt das 1927 gebaute Waldstadion.

Ein Kahnpartie auf dem Stauweiher im Stadtwald: Das Café der Stauanlage Kupferbach, im Hintergrund, ist abgerissen worden, und Kahnfahren kann man auch nicht mehr.

Markanter Orientierungspunkt für Wanderer war früher der Bismarckturm, von Geheimrat Frentzen aus Basaltlava in Form eines großen „B“ gebaut. 1907 war der Turm fertig. Er steht links der Monschauer Straße. Aachener Bürger bemühen sich jetzt um die Restaurierung des baufälligen Turms.

Auf dem Ehrenfriedhof am Bismarckturm haben Soldaten, Kriegsgefangene und Aachener Bürger, die im Krieg den Tod fanden, ihre letzte Ruhestätte. Diese Karte stammt aus dem Ersten Weltkrieg.

Wer Lust hat, macht vom Waldfriedhof einen Spaziergang über die Graf-Schwerin-Straße, Kornelimünsterweg zum „Forsthaus Schönthal". Das heute vergrößerte Haus ist ein gern besuchtes Ausflugslokal.

Aachen-Hitfeld, Restaurant „Augustinerwald" Wwe. Jos Hunds. Tel. 22131. 1/4 Stunde vom Bismarckturm

Auch das Restaurant „Hunds" in Aachen-Hitfeld ist noch in Betrieb: Früher war es in einer Viertelstunde vom Bismarckturm zu erreichen, wie vorn auf der Karte vermerkt ist.

Nach einem schönen Waldspaziergang kann man auch heute noch am Augustinerweg im Restaurant „Grüne Eiche“ seine durstige Kehle kühlen.

Eine alte Reklame des Restaurants „Grüne Eiche“.

Am Weg über die Eupener Straße in den Aachener Wald liegt „Haus Eich“, das heutige Jugendbildungszentrum des Bistums Aachen. Erbaut wurde das Haus 1747 von Laurenz Mefferdatis. Die Karte wurde am 17. Juli 1911 abgestempelt.

Diese Ansichtskarte von der auch heute noch bekannten und beliebten Gaststätte „Printen“ hinter dem Jahnplatz an der Eupener Straße wurde am 30. Oktober 1913 verschickt.

Die „Aachener Flora“ lag abseits der Eupener Straße hinter dem II. Rote-Haag-Weg.

Das Neu-Linzenshäuschen, ein idyllisches Lokal hinter dem Grindelweg an der Eupener Straße, existiert nicht mehr. Besonders begehrt waren bei den Gästen die Tische im großen Saal, der nach drei Seiten verglast war.

Eine Straßenbahnhaltestelle an der Eupener Straße: Da der Schienenstrang eingleisig verlief, mußte die Tram geduldig auf den Gegenverkehr warten. Erst dann konnte die Bahn in beiden Richtungen weiterfahren. Der Rabenbrunnen, rechts, wurde früher als Pferdetränke benutzt.

„Herfs Erb“ am Pommerotter Weg. Die alte Karte ist 1908 abgesandt worden.

Fast jeder Aachener kennt das Alt-Linzenshäuschen. Neben dem Restaurant führt ein Wanderweg direkt in den Wald hinein. Die frische Waldluft macht Appetit. Nach einer Wanderung läßt man sich hier gern bewirten. Der älteste Teil des Linzenshäuschens stammt aus dem 15. Jahrhundert. Damals gehörte es als Wachtturm, der mit einer berittenen Mannschaft besetzt war, zu einer ausgedehnten Wehranlage, die das Aachener Stadtgebiet begrenzte. Der Landgraben ist nicht mit der Stadtmauer zu verwechseln!

Gedeckte Tische warten auf Ausflügler und müde Wanderer. Diese Karte stammt vom 23. Oktober 1908.

Die Besitzer der Oldtimer, die vor dem Restaurant „Köpfchen“ parken, gönnen sich und ihren Automobilen eine Verschnaufpause. Die Karte wurde am 24. Dezember 1910 abgestempelt.

Diese Karte zeigt die Straßenfront des Restaurants „Köpfchen“, wie sie in den zwanziger Jahren ausgesehen hat.

Ein anderer Weg in den Aachener Wald führt in Richtung Ronheide. Am Eberburgweg stand der „Kuhscheider Hof“, heute Wohnhaus und Kapelle, früher auch ein Ausflugslokal.

Die Ansichtskarten wurden in den Jahren 1916 (oben) und 1908 (unten) geschrieben.

Die Tische sind gedeckt, die Gäste können kommen. Früher war die Ronheide ein Ausflugsziel der Aachener, heute geht es weiter hinaus. So mußte dieses Restaurant seine Pforten schließen.

In Vergessenheit ist auch dieses Lokal geraten. Irgendwann hat der Eigentümer das „Restaurant und Kurhotel Neu Ronheide" aufgegeben.

Wieder ein Weg in den Wald! Kaum zu glauben: Die heute so belebte Lütticher Straße war um 1907 ein ruhiger „Weg zum Stadtwald“. Hier zweigt auch der Preusweg ab.

Station machen konnte man früher im Waldrestaurant „Grundhaus“ an der Lütticher Straße; eine Dreibild-Ansichtskarte von 1900.

Bewirtet wurden Ausflügler auch im Adamshäuschen, am Ende des Preuswegs. Vom Karlshöher Talweg sieht man das Anwesen, in dem heute die Revierförsterei ihren Sitz hat.

Zwei Ansichtskarten vom Aachener Wald: Die linke zeigt eine „Partie am Forsthaus Adamshäuschen" . . .

. . . und die rechte gibt einen Blick auf den Aufgang zur „Karlshöhe" wieder.

Die „Karlshöhe“ ist den Kennern des Aachener Waldes zwar ein Begriff, doch die wenigsten wissen noch, wo das Lokal gestanden hat. Professor Dr. Heinrich Savelsberg schreibt im „Neuesten Führer für Aachen und Umgebung“ von 1927: „Die Restauration liegt in einer lieblichen Talecke am Waldesrand . . .“

Als „Schönster Punkt der Umgebung Aachens in reizender Lage“ machte das Restaurant Karlshöhe für sich Reklame.

Der einzelne Herr auf der Karte vom Restaurant „Karlshöhe“ wartet anscheinend auf den nächsten Gast, der ihm etwas Gesellschaft leistet. Früher war das manchmal „Lennet Kann“, der sich gern dort aufhielt.

Das ist der „Lennet Kann“.

Kronprinz Friedrich Wilhelm hat 1885 auf der Fahrt von Aachen nach Monschau im Stadtwald oberhalb vom Karlshöher Talweg Rast gemacht. Seitdem wird der Aussichtspunkt „Kronprinzenrast“ genannt.

Mitten im Wald, am Ende vom Karlshöher Talweg, Ecke Lütticher Straße, versteckt sich die auch jetzt noch schmucke „Waldschenke" zwischen hohen Bäumen. Für Generationen von Aachenern ein Platz schöner Erinnerungen.

Café-Restaurant „Waldschenke" Stadtwald. 10 Minuten von Aachen, in herrlicher Lage, mitten im Walde. Dejeuners, Diners, Soupers. Echte helle, dunkle und Pilsener sowie Berliner Weissbiere. Anerkannt bester Kaffee, Tee u. Schokolade etc. **Eigene Konditorei und Bäckerei.** Rendezvous der Weinkenner. In- und ausländische Zeitungen.

Café-Restaurant „Waldschenke" 10 minutes from Aachen insplendid site in the centre of the woods. Luncheons, dinners, suppers. Real clear, dark and Pilsen beers, Berlin white beers. Best coffee, tea, chocolate etc. **Own pastrycook's and baker's workshops**. Meeting-place of the connoisseurs of wine. German and foreign newspapers.

Café-Restaurant „Waldschenke" 10 minutes d'Aachen en site splendide au centre du bois. Dejeuners, diners, soupers. Des bières claires, foncées et de Pilsen. Bière blanch de Berlin. Café, thé et chocolat excellents. **Confiserie et boulangerie du même propriétaire.** Rendez-vous de connaisseurs de vin. Journaux allemands et étrangers.

A. ALBUR, propr.

Städtisches Wald-Restaurant

Waldschlößchen

Größtes Städtisches Waldlokal

Telefon 925 * 1600 Sitzplätze * Telefon 925

Diners • Soupers • reichhaltige Abendkarte

Pension im Hause

Das ehemals größte Ausflugslokal im Aachener Wald, das „Waldschlößchen", wurde nach dem Zweiten Weltkrieg abgerissen. Die Besucher blieben aus. Der große Saal des Restaurants bot 300 Gästen Platz.

Die Lütticher Straße an der Abzweigung, die zum Entenpfuhl führt. Im Hintergrund das Waldschlößchen.

Das Restaurant „Entenpfuhl" hat zwei Weltkriege überstanden und lädt immer noch zum Verweilen ein. Diese Karte stammt aus dem Jahr 1910.

Eine Feldpostkarte vom Restaurant Pitz (heute Braun) beim Forsthaus Bildchen. 1982 feierte der jetzige Besitzer das 100jährige Bestehen des Hauses. Links im Hintergrund das frühere Waldhotel . . .

. . . das schon lange den Betrieb eingestellt hat und in den 70er Jahren gesprengt wurde.

In der früheren Walderholungsstätte für Frauen finden heute Kinder im Heim „Maria im Tann" ein neues Zuhause. Im Vordergrund: Die Lütticher Straße mit der alten Tram.

Einen Steinwurf entfernt erholten sich die Männer im Genesungsheim. Dort werden heute die Schülerinnen und Schüler der Städtischen Sonderschule unterrichtet.

Wer früher die vielen Stufen bis zur Plattform des Pelzerturms hinaufstieg, konnte von oben den Blick über Aachen, zu den Stolberger Höhen und über das Hohe Venn bis nach Belgien schweifen lassen. Der Turm stand in unmittelbarer Nähe der „Sieben Wege“ auf dem höchsten Punkt des Waldes. Er war aus massiven Bruchsteinen gebaut. Den Entwurf dafür lieferte der Aachener Hermann Jansen. Im Herbst 1944 wurde der Turm gesprengt.

Dieser Aussichtsturm aus Holz – Vorläufer des steinernen Pelzerturms – erfüllte auch seinen Zweck.

Der Rundgang

Straßen und Plätze mit Seitenzahlen der gezeigten Ansichten

Michaelsberg 202	
Michaelsbergstraße 202, 203	St. Johann Baptist, Kloster der Schwestern vom armen Kinde Jesu
Hauptstraße 204	
Abteistraße 207, 211	Bürgermeisterei, Marienhospital
Altdorfstraße 208, 209	Landesbad
Jonastor 209, 210	
Kapellenstraße 210	
Gregorstraße 212	Marienkapelle
Jetzt geht es in den Wald	
214	Forsthaus Siegel
215	Burtscheider Heidchen (Restaurant Bismarckturm)
216	Waldstadion, Stauweiher
217	Bismarckturm, Ehrenfriedhof
218	Forsthaus Schönthal, Restaurant Hunds
219	Zur grünen Eiche
220	Haus Eich, Gaststätte Printen
221	Aachener Flora, Neu-Linzenshäuschen
222	An Alt-Linzenshäuschen, Herfs Erb
223	Alt-Linzenshäuschen
224	Restaurant Köpfchen
225	Kuhscheider Hof
226	Restaurant Ronheide und Neu-Ronheide
227	Lütticher Straße
228	Restaurant Grundhaus
228, 229	Adamshäuschen
229, 230, 231	Restaurant Karlshöhe, Karlshöher Talweg
232	Waldschenke, Waldschlößchen
233	Zum Entenpfuhl, Restaurant Entenpfuhl
234	Forsthaus Bildchen, Waldhotel
235	Walderholungsstätte für Frauen (Maria im Tann), Männer-Genesungsheim (Sonderschule)
236	Pelzerturm, Aussichtsturm aus Holz

Quellenangabe:

- Geschichte Aachens in Daten, herausgegeben von Bernhard Poll
- Aachener Heimatgeschichte, von Dr. Albert Huyskens, Aachen, 1924
- Alte Aachener Adreßbücher
- Die Befestigungswerke der Freien Reichsstadt Aachen, von C. Rhoen
- Alte Führer durch Aachen und Umgebung
- Die städtebauliche und bauliche Entwicklung der Bade- und Industriestadt Aachen von 1815–1915, von Baurat J. Laurent
- Alte Stadt- und Waldpläne
- Aachen – ein Jahrhundert preußische Garnison, von Dr. Alfred Rübmann
- Neuester Führer durch Aachen und Umgebung für Kurgäste und Touristen, von Dr. B. M. Lersch – fünfte Auflage von 1892
- Führer durch Aachen für die Besucher der 59. General-Versammlung der Katholiken Deutschlands zu Aachen 1912, von Prof. Dr. Heinr. Savelsberg
- Deutschland – Städtebau Aachen, bearbeitet von Dr. Huyskens, DARI, 1922
- Aachen – ein Stadtführer, von Dr. Ingeborg Monheim, 3. Auflage 1978, Verlag J. A. Mayer, Aachen
- Alte Aachener Zeitungen:
  Aachener Post
  Politisches Tageblatt
  Echo der Gegenwart
- Alte Aachener Bildbände

Aachen-Jülich-Bahnh. E 1
Achter-Straße . . . . C 2
Adalbertsberg-Str. D 4
Adalbert-Steinweg E 4
Adalbert-Straße . D 4
Adalberts-Weg . . . D 4
Alexander-Straße CD 3
Alexianer-Graben B 4
Alphons-Kirche . . E 5
Alphons-Straße . E 4
Anna-Straße . . . B 4
Annuntiatenbach B 3
Augusta-Straße . E 4
Augustinerbach . B 3
Aurelius-Straße . C 5
Bahnhof-Straße . D 5
Bergdrisch . . . BC 2
Bongard-Straße . B 3
Box-Graben . . . AB 5
Büchel . . . . C 3
Christenserkloster C 4
Domkirche . . . . BC 4
Edel-Straße . . . . C 4
Elfschornstein Str. B 3
Elisenbrunnen . . C 4
Evangel. Kirche . CD 6
Evangel. Kirchhof . D 3
Felsenkeller . . . . C 2
Fels-Gasse . . . . CD 3
Franz-Straße . . . C 5
Friedrich-Straße E 4,5
Friedrich-Wilhelms-
Platz . . . . C 4
Friesen-Straße . . B 2
Gasfabrik . . . . . . E 5
Gas-Gasse . . . . . D 4
Georg-Straße . . . D 3
Hangeweier . . . . A 7
Harskamp-Straße D 4
Heinrichs-Allee . D 3
Hinzen-Gasse . . . D 3
Hirschgraben . . . B 3
Hospital Mariahilf D 2
Hoch-Straße . . . . D 5
Horn-Gasse . . . . C 5
Hubertus-Straße . B 5
Irrenanstalt . . . . A 7
Jakob-Straße . A 5, AB 4
Jesuiten-Straße . . B 4
Johanniter-Straße A 4
Joseph-Straße . . D 4
Juden-Gasse . . . B 3
Juden-Kirchhof . A 5,6
Justizgebäude . C 3, E 4
Kaiser-Allee . . . . E 5
Kapuziner-Graben C 4
Karlsburg . . . . . . E 2
Karlsgraben . . . . A 4
Karlshaus . . . . . . C 4
Kasernen . . . . . . B 5
Kasino-Straße . D 6,5
Kirchhaus . . . . . . C 3
Kocker . . . . B 3
Komphausbad-Str. C 3
Köln. Steinweg . DE 3
Köln.-Str., Große . C 3
Kongreß-Monument E 4
Königs-Straße . . A 4,3
Kornhaus . . . . . . B 4
Krämer-Straße . . C 3,4
Krugenofen . . . . C 7,6
Kurbrunnen-Str. D 6,5
Kurhaus-Str. . . . D 3

Lazarett . . . . B 3
Lochner Straße . . A 4
Löhr-Graben . . . B 4
Lothringer-Str. D 4, E 5
Lousberg . . . . . . AB 1
Ludwigs-Allee . . BC 2
Luisen-Hospital . . A 5
Lütticher Straße . . A 5
Mariabrunn . . . . . A 7
Mariahilf-Thor . . . D 3
Marien-Kirche . . . C 5
Markt . . . . BC 3
Marschier-Straße . C 4
Marschier-Thor . C 5,6
Mittel-Straße . . . C 5
Moltke-Straße . . E 6,5
Monheims-Allee C 2-D 3
Mörgens-Gasse . . B 4
Münster-Platz . . . C 4
Museum . . . . C 3
Neupforte . . . . . BC 3
Otto-Straße . . . . E 3
Peter-Straße . . . CD 3
Polizei . . . . B 3
Polytechnikum . . AB 3
Pontdrisch . . . . . C 2
Pont-Straße . . . . B 2,3
Pont-Thor . . . . . . B 2
Post u. Telegraph B 4
Promenaden-Thor D 3
Rathaus . . . . B 3
Regierung, Königl. C 4
Rehm-Platz . . . . E 3
Reichs-Bank . . . . D 3
Reih-Gasse . . . . CD 4
Rennbahn . . . . . . B 4
Rheinischer Bahnhof D 5
Römer-Straße . . . D 5
Ros-Straße . . . . . B 4
Rudolf-Straße . . . E 3
Salvatorsberg . . . C 1
Sandkaul-Straße C 2,3
Sankt Adalbert . . D 4
— Jakob . . . . A 5
— Johann-Abtei D 6
— Kreuz . . . . . B 2
— Leonhard . . . C 5
— Michael . . D 6, B 4
— Nikolaus . . . C 3
— Paul . . . . . . B 4
— Peter . . . . . . D 3
Schweinsmarkt . . . B 3
Seilgraben . . . . . C 3
Stadtgarten . . . . D 2
Steffens-Platz . . . E 4
Strafanstalt . . . . E 4
Suermondt-Platz . D 4
Synagoge . . . . . . D 3
Templerbend . . . . A 3
Templergraben . AB 3
Theater . . . . D 4
Theater-Straße . . C 4
Theresien-Kirche . B 2
Vaelser-Straße . A 5,4
Viktoria-Brunnen E 6
Vivat . . . . C 2
Wall-Straße . . . . C 5
Warmweier-Straße E 5
Weingartensberg D 2
Wespien-Straße . . D 4
Wilhelm-Straße D 5,4
Wingertsberg . . . D 2
Wirichsbongard-Str. CD 4

AACHEN.

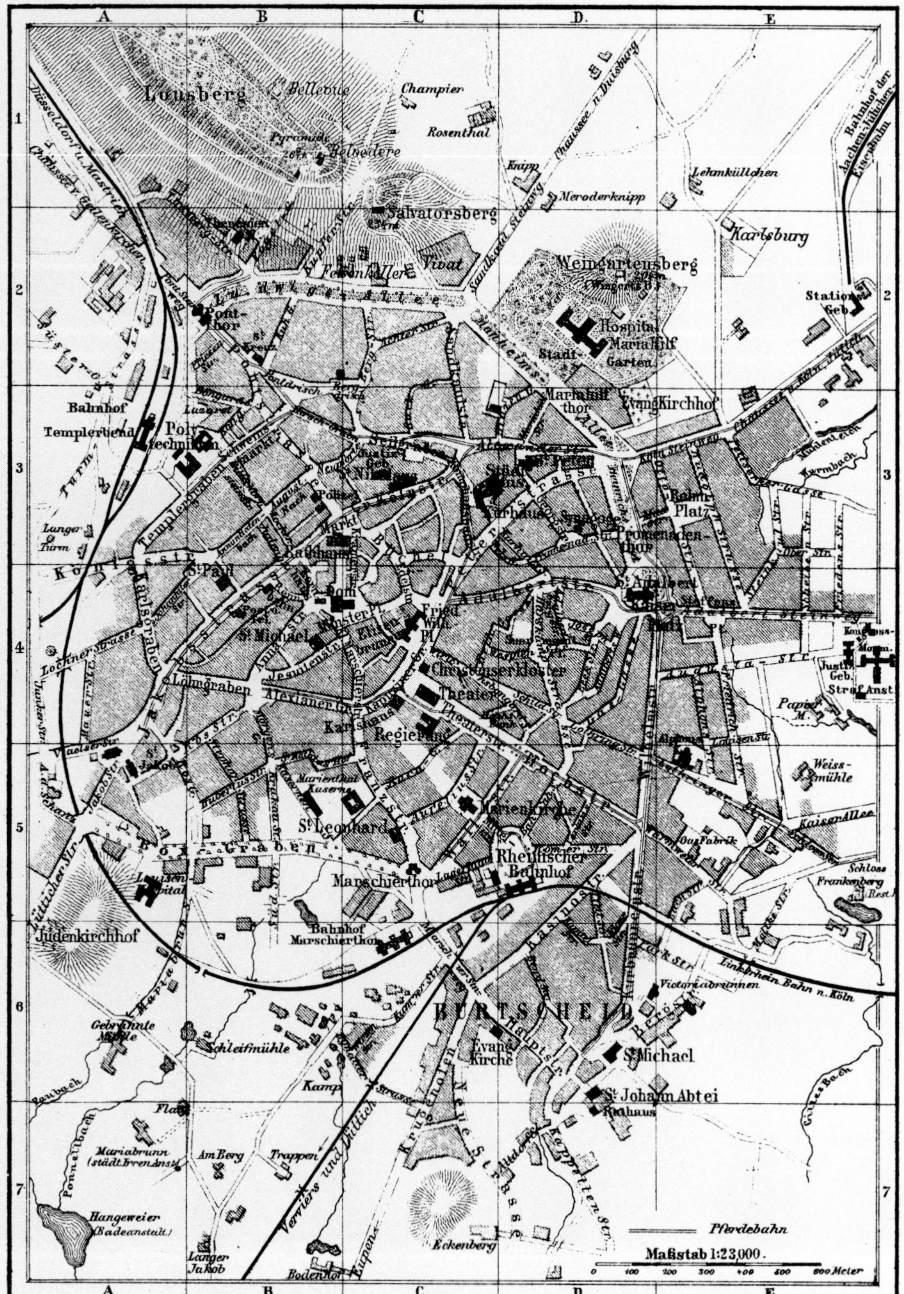